イメール・コンプレックス

——彼女が音楽を選んだ理由

多屋澄礼

まえがき

小さな頃から音楽はすごく身近なものだった。

母親が集めていたロックやディスコのレコードやＣＤ、家事の合間にかけているラジオを聴いてわけもわからずに一緒に口ずさむようになっていた。しかし楽器を手にしたのはそれから随分後のこと。

父親が学生の自分に期待したのは音楽の才能ではなく、高い偏差値と学歴。そんな環境の中で鉛筆の代わりにギターを手にしようなんて思う余裕もなかった。気がつけば大学も卒業し、大人と呼ばれる年齢になった。いつの間にか音楽について文章を書くのがライフワークとなっていた。数えきれないほどのバンドに出会ってきたが、不思議と夢中になるのは同性のバンドばかり。

マイクの前に立って歌う女の子達の凛々しい横顔。ギターの弦を爪弾く華奢な指。ひらめきに導かれるメロディー。

あの時、私もギターを手にしていたら。取り戻せないあの貴重な十代の時間への悔恨の念が、いつしか女性ミュージシャンへの憧れへと変化していった。

一九六九年にたった一枚のアルバムを残して消えてしまったフェミニン・コンプレックスという伝説のバンドをご存知だろうか？　ナッシュビルのメイプルウッド高校に

通う五人の女子高生ミンディー、ジェーン、ジュディ、パム、ラナは同じバスケットボール部に所属していた。ジェーンとラナが組んでいたザ・プロヴィッツに他のメンバーを誘い入れフェミニン・コンプレックスは結成された。

ナッシュビルの焼けるように暑い夏休み期間にアルバム「Livin' Love」を発表し、地元では人気バンドとして注目される。ソフト・ロックやサイケでガレージなサウンドはプロデューサー仕込みのものではなくすべて女子高生である彼女達によるものだったことに驚かされる。学業、部活動を優先させるためにあっけなくバンドを解散させてしまう、彼女達の潔い決断にも衝撃を受けた。

メンバー五人の背景には未だに謎が多い。なぜ彼女達はバンドを組もうと思ったのだろうか。一体どんな音楽を聴いてきたのか。メンバー内でバンドをやめることに異議を唱えるメンバーはいなかったのか。これらの答えが見つからないことで彼女達への関心はさらに強くなっていく。

フェミニン・コンプレックスというバンドの存在は、この本に綴られている女性ミュージシャン達を象徴するものである。しかしながらここに書かれた十八人の女性達が音楽を選んだ理由に一つとして同じものはない。

運命に翻弄されながらも、音楽史に足跡を残してきた女性達の輝かしくも数奇な物語をあなたにも知ってもらいたい。

目次

6 トレイシー・ソーン MARINE GIRLS/EVERYTHING BUT THE GIRL
「スモール・タウン・ガールからディスコ・クイーンへ」

26 キャシー・ラモーン VIVIAN GIRLS
「第二のキム・ゴードンと呼ばれたライオット・ガール」

38 パム・ベリー THE BLACK TAMBOURINE
「黒いドレスで身体を包み隠した麗しき創造の女神」

47 ロクサンヌ・クリフォード VERONICA FALLS
「インディー界のゴシック・プリンセス」

57 イザベル・キャンベル BELLE AND SEBASTIAN
「カリスマ・バンドのヒロインという檻に閉じ込められて」

66 エディ・リーダー FAIRGROUND ATTRACTION
「エヴァー・レディーと呼ばれた完璧を求めた女性歌手」

74 ゾーイ・デシャネル SHE & HIM
「女優と歌手の二役を完璧にこなす憧れのマドンナ」

93 フランシス・マッキー THE VASELINES
「カート・コバーンが愛したスコットランドのミューズ」

101 シャルロット・ゲンズブール
「恋する父に守られてきた少女の囁き声」

107 カトリーナ・ミッチェル THE PASTELS
「あどけない歌声に不屈のインディー精神を隠したミュージシャン」

125 リンダー・スターリング LUDUS
「アートに生きたポストパンクの女王」

131 アリソン・スタットン YOUNG MARBLE GIANTS/WEEKEND
「奇妙な三角関係の中で翻弄された歌姫」

139 アメリア・フレッチャー TALULAH GOSH/HEAVENLY
「永遠のP・U・N・K・ガール」

149 テネシー・トーマス THE LIKE
「アレクサ・チャンのベスト・フレンドでもある
音楽界のファッション・アイコン」

157 カースティー・マッコール
「女性シンガー・ソングライターの道を切り拓いた天才」

170 クリスティーナ・モネ＝パレスィ CRISTINA
「小悪魔を演じたインテリジェントな淑女」

177 ローズ・メルバーグ GO SAILOR/THE SOFTIES
「ガーリーな魅力あふれるアノラック・サウンズの革命家」

187 デブシー・ワイクス DOLLY MIXTURE
「インディペンデントを貫いたガールズ・ギャング」

2 まえがき

36 「FEMALE MUSICIAN IN MOVIE」
フィメール・ミュージシャン・イン・ムービー

84 山崎まどか×多屋澄礼
「私たちが愛したフィメール・ミュージシャン」

115 「HER STYLE」
18人のフィメール・ミュージシャン　それぞれのスタイル

204 マイ・フェイバリット・ディスク
「彼女たちを知るための推薦盤」

206 あとがき

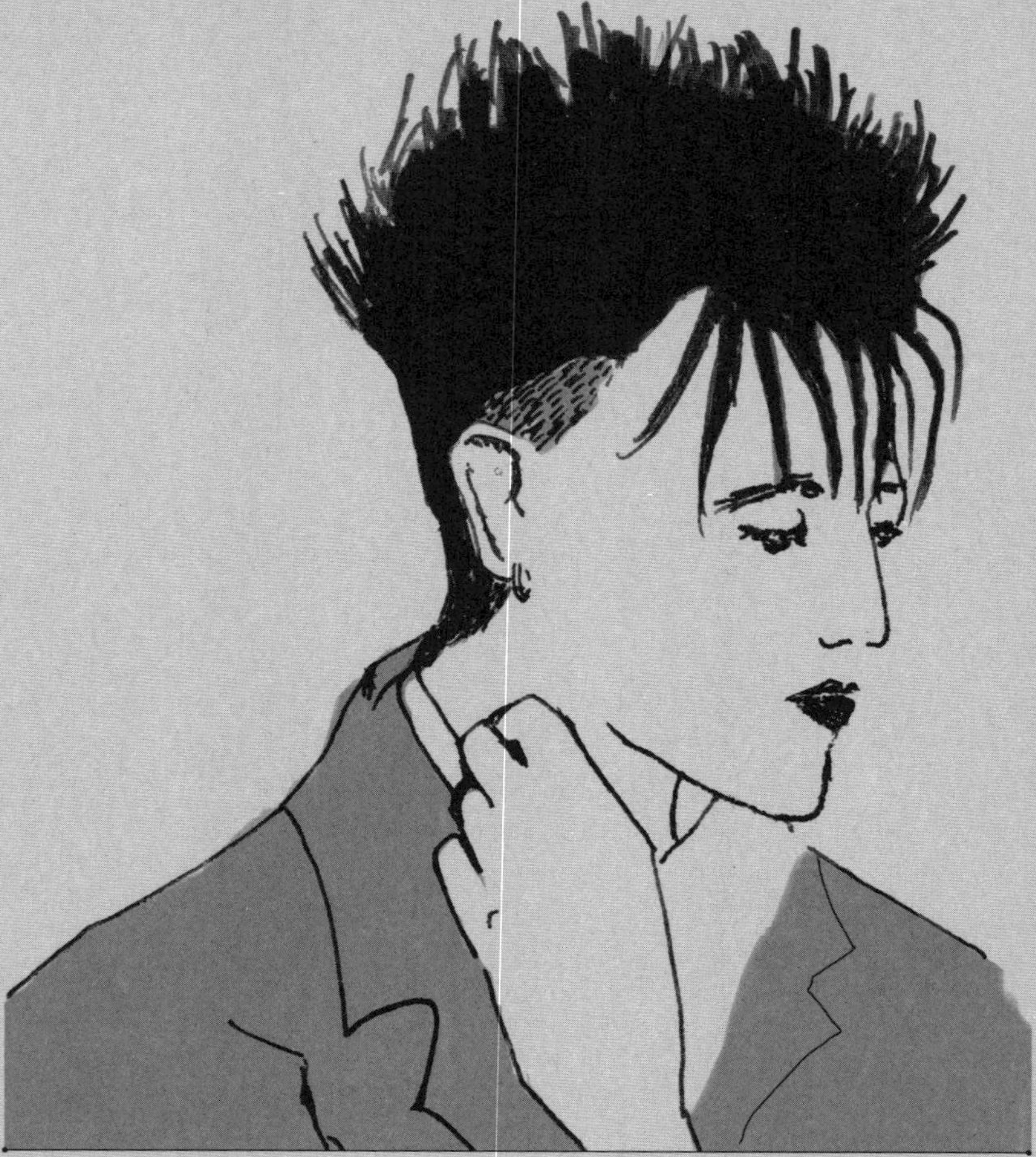

Tracey Thorn

Marine Girls,
Everything But the Girl

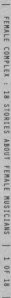

トレイシー・ソーン（Marine Girls / Everything But The Girl）

――スモール・タウン・ガールからディスコ・クイーンへ

「ベッド・シット・ディスコクイーン」これはトレイシー・ソーンが自伝につけたタイトルである。

ベッド・シット（ワンルームのアパート）とディスコクイーンの二つの言葉はまったく噛み合わないように思える。しかし、トレイシーはベン・ワットと住んだ小さなアパートの部屋からミリオンセラーのダンスミュージックを生み出す天才だった。

トレイシーはデビューから三十年以上経った今でもガールズ・バンドのお手本となり続けるマリン・ガールズ（Marine Girls）のメンバーであり、世界中で何百万枚ものレコード、CDを売ったユニット、エヴリシング・バット・ザ・ガール（Everything But The Girl）の片割れとして多くの人に崇拝されている。トレイシーは自伝を時代ごとに五つの章に分け、音楽活動、家族や恋愛について自分の言葉で語っている。本の中で語られる彼女の人生は失敗と成功を積み重ねながらも他の人には体験することのできないような特別なものとなっている。

トレイシーの両親はロンドンで育ち、結婚を機に*ケンティッシュ・タウンの

＊ケンティッシュ・タウン（Kentish Town）：多数のパンクバンドを生み出したカムデンからも近いロンドンの下町。

喧噪から逃れるようにロンドンから二〇マイル離れた郊外のブルックマンズ・パークへと移住する。かつては一つの村だった緑が残る郊外の街で彼女は生まれ育った。トレイシーの母親は娘と息子を一人ずつ産んだ時点で、もうこれ以上子どもは産めないかもしれないと医者に宣告される。その状況でトレイシーが産まれたのは奇跡で、母は特別彼女を可愛がった。トレイシーは人一倍明るくおしゃべりで、いつでもソーン家の中心的存在だった。

トレイシーが小さな頃、いつも彼女のとなりには優しく微笑む母親がいた。フランク・シナトラやグレン・ミラーのレコードを一緒に聴いたり、小学生の時にはランチ・タイムに自宅へ歩いて戻り、母と他愛もないお喋りをしながら大好物の*クラスティ・チーズ・ロールを食べるのがトレイシーは大好きだった。

学校でも品行方正ないい子だった彼女は十代でパンクに出会い、その人生を大きく揺さぶられる。

小さな頃から続けていた秘密の日記は可愛いステッカーに雑誌の切り貼り、手書きの文字で埋め尽くされ、その日に起こったこと、そしてお気に入りのファッションや音楽について語られていた。七六年の日記には買ったレコードとしてダイアナ・ロス、ビーチ・ボーイズ（The Beach Boys）、イーグルス（Eagles）などが挙げられる。その年の十二月一日に*セックス・ピストルズ（Sex Pistols）の〝アナーキー・

*クラスティ・チーズ・ロール：パン生地にチーズを巻きオーブンで焼き上げたロールパン。

*セックス・ピストルズ（Sex Pistols）：1970年代後半のパンクムーブメントの中心バンド。ジョニー・ロットン、シド・ヴィシャスなどパンクのアイコンとして崇拝されている。イギリス政府、エリザベス女王を痛烈に批判した。

イン・ザ・UK〟がリリースされたことでイギリスの音楽界はパンク一色となる。トレイシーもそれに衝撃を受けてパンクに夢中に、と言いたいところだが、そのシングルがリリースされた日の日記には「*スーパースターズを見て、お風呂に入った」と書かれているだけでセックス・ピストルズには一切触れられていなかった。

しかし一九七七年の日記の最初のページにトレイシーは「*ネバー・マインド・ザ・ボロックス…これが私の日記」と書き、表紙の裏にはジョニー・ロットンの写真がセロテープで留められていた。トレイシーがこの言葉を書いたのは同じ年の秋で、彼女はあたかも初めからパンク通だと装っている。少し遅れをとっていたが、確実に彼女の音楽性はパンクへと移行していく。それが顕著に現れているのがその年の最後に買ったレコードのリストだった。そこにはジャム（The Jam）、ドクター・フィールグッド（Dr. Feelgood）、ストラングラーズ（The Stranglers）、ヴァイブレーターズ（Vibrators）、エルヴィス・コステロの名前が羅列されている。日記の他のページにはセックス・ピストルズのライブの感想や*ラジオ・ルクセンブルグのパンク番組を聴いたことなどが記されている。

それでも彼女が生粋のパンク娘だったかと言われるとそんなことはない。普通の女の子のように*ベイ・シティー・ローラーズ（Bay City Rollers）を聴き、彼らがテレビに出演する時は欠かさずチェックした。両親はトレイシーの音楽の趣向が突

＊ベイ・シティー・ローラーズ(Bay City Rollers)：
74年から78年にかけて「タータン・ハリケーン」と呼ばれたアイドル・グループ。スコットランド出身でメンバーはタータン・チェックの衣装を着用している。“バイ・バイ・ベイビー”や“サタデー・ナイト”が世界中で大ヒットする。

＊ラジオ・ルクセンブルグ(Radio Luxembourg)：
70年代までイギリスには民放のラジオ局はなく、国営放送のBBCではポピュラー・ミュージックの放送に制限があった。そのため、ルクセンブルグ公国のラジオ局を若者たちが聴いていた。日中はフランス語放送だが、夜になると英語に切り替わりイギリスの最新のポップスなどを放送していた。

＊ネバー・マインド・ザ・ボロックス(Never Mind The Bollocks)：
セックス・ピストルズの唯一のスタジオ・アルバム「ネバー・マインド・ザ・ボロックス・ヒア・イズ・ザ・セックス・ピストルズ」から引用している。

＊スーパースターズ：
イギリス、アメリカで70年代始めから放送を開始したスポーツ番組。各競技のスター選手がナンバー1を競う内容で2014年現在も放送されている長寿番組。

然変化したことに対し反対するようなことはなかったが、ダイアナ・ロスに取って代わったのが過激なパンク・ミュージックだったことに戸惑いを隠せなかった。
トレイシーのファッションにもパンクの影響が表れはじめていた。彼女はぴたぴたの細身のジーンズを履き、Stiffレーベルのバッジを寝室にしまい込んで秘密の宝物のように大切にしていた。トレイシーの母親はけっしてそのバッジを没収するような厳しい人柄ではなかったが、トレイシーには家族に対して自分の音楽の趣味でどこか後ろめたい気持ちがあった。以前に比べ口数もぐっと少なくなり、思春期に突入していく。

ブルックマンズ・パークにある地元のレコード屋には革ジャンを着てロカビリー気取りの男たち（トレイシー達は*グリーボスとあだ名を付けて呼んでいた）が集まり、彼女が好きなバンドのレコードが入荷されるのは稀だった。インターネットのような便利な道具もない時代に彼女の音楽的欲求を満たしてくれたのはレコードショップのメールオーダーである。オーダー表に必要事項を書き込み、ポストに投函すると、数日後にはボール紙でできた封筒に入れられたシングル盤が家まで届けられる。トレイシーは毎日のように郵便局員が彼女宛の荷物を届けてくれるのを今か今かと待ちわびた。しかし喜んでいたのも最初のうちだけで、回数を重ねるたびにそれが日常となり、喜びは薄れていく。その代わりに彼女が夢中になったの

*グリーボス：
パンクやメタルを愛し、革ジャンなどマッチョなファッションに身を包み、ファッションの流行に疎い人たちのこと。

は高校で音楽の趣味を共有できる女の子の友達とのお喋りだった。ジャムの写真を机の中に隠し持つジョアンナ、若き日の*ポール・ヤングとデートをしていたデニス、警官の父を持つアマンダ、家庭環境が複雑なディー。トレイシーは彼女達とつるみ、ガール・ギャングとして学校でも一目置かれる存在となっていく。トレイシーの性格はどちらかというと大人しいタイプだったが、そのギャングの一員になるために努力を欠かさなかった。超スキニーのジーンズにぶかっとしたブルーの警官のシャツを合わせたファッションで、大好きなバンドのライブにその女の子達（ただし、お父さんの送り迎え付き）と出かけていった。

しかし、その楽しさも束の間だった。トレイシーは女子グループの煩わしさを痛感し、彼女達の間にある友情が上辺だけで、真実のものではないと悟る。その熱は急激に冷めていった。女子独特の派閥争いにうんざりし、それとは無縁のライブ友達を彼女は探し求める。そんな悩めるトレイシーを導いてくれたのは姉の友人で五歳年上のハウだった。彼は無類の音楽通で、特にパンクに関してはエキスパートだった。彼は写真家になるために芸大に通いながらトレイシーも大ファンの*クラッシュ（The Clash）のツアーに同行し、ファンジン「ウィークリー・バグル」を自主出版していた。ハウはトレイシーの音楽への情熱が真実のものだと見込んで、彼女に好きな音楽について何か書かないか？と提案する。文章を書くことは

＊クラッシュ（The Clash）：セックス・ピストルズと並んで、もっとも成功したパンク・バンド。ジョー・ストラマー、ミック・ジョーンズ、ポール・シムノンなどそれぞれにカリスマがあり、ロカビリー、スカ、カリプソなどの音楽性も取り入れ独自のパンク・サウンドを作り上げていった。

＊ポール・ヤング（Paul Young）：Qティップス（The Q-tips）というソウル・バンドを結成するも3年で解散。その後、ソロミュージシャンとして82年にマーヴィン・ゲイの“ウェアー・アイ・レイ・マイ・ハット”をカバーし全英1位に輝く。デビュー・アルバムもミリオンセラーになり、トップスターになるが90年代にはヒットに恵まれず、チャートにも登場しなくなった。

いつまで経っても苦手だったが、ずっと憧れてきたパンクシーンに自分が貢献できることが嬉しかった。二人は足繁くライブに通い、その時の経験はトレイシーにとって宝物となる。

七九年八月、トレイシーは雑誌「メロディー・メイカー」をパラパラとめくっていると、読者の掲示板コーナーに「ギターを格安でお譲りします」と書いてある投稿を見つける。彼女はすぐにそこに書かれた番号に電話をかけ、両親には内緒で一人ロンドンに向かい、ロンドン・フィールズで投稿主と会い、ギターを六ポンドで受け取った。

ブラックの*レス・ポールのギターはコピー品でけっして立派なものではなかったが、トレイシーは初めて自分のギターを手にし、心臓の鼓動は早くなった。壊れないように慎重に自宅に持ち帰り、ギターを抱えて鏡の前に立つ。本物のギターは想像よりも重たかった。彼女の頭の中にはアンプやシールドが必要だという基礎知識が抜け落ちていたので、何にも繋がず、アコースティックギターのようにエレキギターの弦を爪弾いてみた。今まで憧れていたバンドが身近に感じられた瞬間だった。トレイシーは毎日練習を重ね、いくつかコードも弾けるようになる。あれほど夢中だったレコードやライブへの興味は薄れ、彼女の音楽に対する興味はリスナーのものからプレイヤーのものへと移り変わっていった。

＊レス・ポール：
ギターメイカー、ギブソンが52年から製造しているエレキギター。伝説的ギタリスト、レス・ポールのために作られたのがオリジナル。ジミー・ペイジやキース・リチャーズが愛用したことでも有名。

いつしかトレイシーの夢はバンドとしてステージに立つことになっていく。ライブ会場で出会ったデイブ・フォスターとエイド・クラークは男子校に通う学生で、彼らが夏にバンドを組む話を聞いてトレイシーのバンド熱はさらに加熱した。トレイシーにはまずバンド・メンバーが必要だった。同じライブで顔を合わせるようになったジェーン・フォックスはトレイシーのバンド計画に参加してくれる唯一の仲間だったが、バンドを組むにはまだメンバー不足だった。

ある晩突然、デイブからトレイシー宅に電話がかかってきた。「トレイシー、君は自分のギターを手に入れたんだって？　今、二人目のギタリストを募集してて、よかったら僕らのバンドに参加してくれないかな？」という内容だった。願ってもない誘いにトレイシーは自身のギターを弾く技術の低さもすっかり忘れ、彼らがリハーサルをするスタジオに父の車で送り届けてもらう。

デイブがメンバーとして誘ってくれたステーン・ボップス（Stern Bops）が彼女にとって初めてのバンドとなった。彼らはトレイシーが紅一点として、バンドに華やかさを添えてくれると期待してバンドに誘い入れた。すぐにトレイシーは彼らの思惑に気づき、プライドを傷つけられたが、それでもバンドで演奏するのは新鮮で楽しく、メンバーとも打ち解けていった。しばらくしてステーン・ボップスのベースのエイドとトレイシーは親密になり、彼女はバンドにいればボーイフレンドを探すのも難しくないんだということも知った。

ステーン・ボップスのボーカル、ポールの歌唱力は可もなく不可もなくといった具合で、メンバー間でも彼への評価はあいまいなものだった。ある時、スタジオ練習の日にポールが遅刻をし、ボーカル抜きでの音合わせをすることになった。そこでメンバーの一人がせっかくの機会だからトレイシーが代わりに歌ったらどうかと提案した。トレイシーは戸惑う。学校の合唱団や自分の部屋でレコードをかけながら歌うことはあったが、人前で歌った経験はほとんどなかったからだ。

「歌えるけれど、見られるのは恥ずかしいから、あのドア越しでもいいかしら。」と彼女は答え、他のメンバーはそれにOKした。ドアを閉め、トレイシーはデヴィット・ボウイの〝レベル・レベル〟を歌いはじめる。*パティ・スミスや*スージー・スーなど憧れの女性ボーカルをイメージして歌ってみるものの、全然上手くいかず彼女は自分の歌唱力にがっくり肩を落とした。他のメンバーもトレイシーの歌唱力を評価してくれず、バンド内で微妙な空気が流れてしまう。

さらに、バンド内の空気を悪化させる事件が起こる。地元のライバル・バンドがステーン・ボップスのステージに豚の耳を投げ込む嫌がらせをし、ライブが中断する事態になったのだ。うんざりしてしまったトレイシーはライブに参加するのをやめ、バンド自体も自然消滅した。

＊スージー・スー
(Siouxsie Sioux)：
セックス・ピストルズの親衛隊をやっているところ、マルコム・マクラーレンに見初められスージー＆ザ・バンシーズとしてデビューする。ゴシックなメイクが特徴で日本のニューウェーブ界にも影響を与えた。

＊パティー・スミス
(Patti Smith)：
詩人のランボーやボブ・ディランに憧れニューヨークへ。彼女が詩を朗読し、そのバックでレニー・ケイが音楽を演奏するスタイルで活動をスタートする。ニューヨーク・パンクのシーンへの功績からゴッド・マザー・オブ・パンクと呼ばれることもある。独特のハスキーな歌声を持つ。

それから一ヶ月が経ち、夏になると、女の子二人による秘密のレコーディングがスタートする。ジーナとトレイシーは学校で知り合った。きっかけは彼女が持っていたお手製プリントのジョイ・ディヴィジョン（Joy Division）のバッグで、それを見たトレイシーはジーナに話しかけ、すぐに二人でバンドを始めるべきだと説得した。

その秘密のレコーディング場所はトレイシーの部屋。二人は話し合いの結果、*ドゥルッティ・コラム（Durutti Column）のようなサウンドを目指すという目標を立てる。しかし、技術的なギャップがあり、実際はチープな音が出るドラムマシーンを使い、トレイシーがギターを弾き、それに合わせてジーナが歌うスタイルをとった。スペインで実際に起きた事件を元にトレイシーが作った〝ゲッティング・アウェイ・フロム・イット・オール〟はたった一日で完成。その日の日記にトレイシーは「私達はこのプロジェクトをマリン・ガールズと呼ぶことに決めた。」と書き記している。こうしてマリン・ガールズは誕生した。

優等生で一匹狼のジェーン・フォックス。彼女は学校でも近寄りがたい存在だったが、トレイシーは彼女のアートと*ジョン・ピールが好きなところに目を付けバンドに誘う。ジェーンを説得するのは簡単ではなさそうだと想定していたが、意外にもすんなりとOKが出た。各パートはジェーンがベース、トレイシーがギ

*ジョン・ピール(John Peel)：イギリス国営ラジオ局BBCレディオ1を代表するDJ。数々の無名アーティストを発掘しサポートした。番組でライブレコーディングをし、「ジョン・ピール・セッション」として発表されている。

*ドゥルッティ・コラム(Durutti Column)：ギター、ピアノを弾くヴィニ・ライニーによるプロジェクト。ニューウェーブ期のイギリスで異彩を放つ存在だった。Factoryレーベルに所属した。

ター、ジーナがパーカッションとリードヴォーカルに決まった。

周りにはボーイズ・バンド、もしくは紅一点バンドばかりでトレイシーはうんざりしていた。それに対抗し、ガールズ・バンドを組むことが彼女の理想だった。

ある練習日、ジーナは来れず、その代わりにジェーンの妹アリスがやってきた。アリスはパーカッションと歌を即席でこなし、トレイシーはその冷たく乾いた風のような歌声がバンドにぴったりだと考え、アリスを四人目のメンバーに引き込む。その当時アリスはまだ十五歳という若さだった。トレイシーはそれまで毎日書き続けていた日記をやめ、その代わりにマリン・ガールズの歌詞を書くことが習慣になっていった。メンバーが揃うとすぐに、彼女達はオリジナル曲を八曲も完成させる。その中でも*デルタ5(Delta 5)の〝ユー〟から着想を得て作られた〝ヘイト・ザ・ガール〟がトレイシーのお気に入りだった。トレイシーは彼氏のエイドに4トラックの*MTRを借り、慣れない機械に苦戦しながらもマリン・ガールズのカセット・アルバムを出すために十曲レコーディングした。そのうちの八曲はジーナがメインで歌い、残りの二曲はトレイシーが歌い、他のメンバー全員でコーラスをつけた。バンド結成から三ヶ月も経たないうちにマリン・ガールズは猛スピードで成長していく。

カセットテープを工場に発注するのに五〇本で*三六ポンド。まだ学生だった

＊三六ポンド：
当時の相場で言うと約18,000円

＊MTR：
マルチ・トラック・レコーダーの略。テープやディスク媒体を用いて多重録音出来る機器。レコーディングスタジオに入らずにこのMTRを使って自宅などで録音することを宅録と呼ぶ。

＊デルタ5（Delta 5）：
リーズ出身のツイン・ギター、ツイン・ベースというユニークな編成のポストパンク・バンド。ダンサンブルなベースラインと飛び跳ねるヴォーカルが味になっている。

彼女達は地元のおもちゃ屋、ハンバーガー屋でバイトをし、貯めたお金でさっそく工場に発注。数週間すると手元に五〇本のテープがやってきた。地元のレコード屋が何本か取り扱ってくれ、販売に協力してくれることになった。残りを手売りするにも限界があるので、トレイシーは「NME」にカセットテープの広告を載せた。すると注文が殺到し、カセットテープはすぐに完売してしまった。リリースの噂を聞きつけ、ドイツのラジオ局からも彼女達の曲を番組で流したいという依頼の手紙がやってくる。自主リリースにもかかわらず、周囲からの反応は驚くほどだった。四人が奏でるドラムレスのローファイなサウンドはダイアモンドの原石のように輝かしい未来を期待させ、人々を惹き付けた。

その後、地元のコンピレーションにマリン・ガールズとして参加し、その音源を気に入ってくれたパット・バーミンガムにトレイシーは出会う。彼はダブ、レゲエ音楽のマニアでバイク屋とスタジオ運営を仕事にしていた。彼は時折イルフォードにある家の庭に作った小屋でレコーディングをする変わった趣味を持っており、マリン・ガールズもこの場所でレコーディングしたらどうかと提案する。自分達の音楽に興味を持ってくれたのは意外だったが、その申し出にトレイシーは大興奮した。彼の最初の提案では六〇分のテープの片面にオリジナル・ヴァージョン、もう片面にダブ・ヴァージョンを収録するというものだったが、最終的にはオリジナルだけをリリースすることになる。

八一年の三月から二ヶ月に渡って録音された曲の数々は「ビーチ・パーティー」としてまとめられ、パットのレーベルから発売された。シャングリラス（The Shangri-las）のようなガールズ・グループのサウンドをミニマムにやる。そんな誰も思いつかないような少女達のひらめきが閉じ込められたこの作品はけっして派手なものではなかったが、キラキラ輝き、時を超えて語り継がれていくものとなった。

彼女達の初めてのライブは、地元ハートフィールドのボールズ・パーク大学でおこなわれた。その一週間後に地元の情報誌に掲載された記事は好意的なもので、特にトレイシーの歌声が絶賛されていた。彼女はその記事の内容に驚き、何度も見間違いではないかと読み返した。ドア越しに歌ったあの苦い過去。トレイシーはやっとそのトラウマから解放され、人前で歌うことへの抵抗が薄らいだ。それと同時にトレイシーはギターを弾くだけでは満足できていない自分にも気づきはじめていた。

それからすぐにマリン・ガールズは実力を評価され、*マイク・オールウェイが運営するCherry Redと契約を交わす。ロンドンでの初ライブを成功させ、順風満帆だと思っていた矢先、突然ジーナが練習に来なくなる。彼女の両親はバンド活動に反対で、娘の自由を制限し、練習に行くことを禁止した。それが引き金

*マイク・オールウェイ（Mike Alway）：70年代後半にはロンドン郊外でクラブイベントのオーガナイザーとして活躍。ソフト・ボーイズ（The Soft Boys）のマネージャーを経て、Cherry Redレーベルの A&Rとして働くことに。それがきっかけとなりél レコーズを主宰するようになる。

となり、マリン・ガールズはその年の七月に解散を決めた。トレイシーはショックだった。ジーナからの説明は何もなく、彼女が来なくなったのはバンド活動に飽きてしまったからだと思い込んだ。しかし、実際はその真逆だった。解散から二五年が経ち、その真実をトレイシーは知ることになるが、ジーナとの関係を修復するにはあまりにも時が経ち過ぎてしまっていた。

バンドも解散し、地元にいる意味もないだろうと考えたトレイシーは、高校を卒業したら家族の元を離れてハル大学に進学することに決める。その後、彼氏のエイドとも別れマリン・ガールズのメンバーに会うこともないままに、その秋、彼女の思い出の地であるブルックマンズ・パークを後にした。彼女が向かう先にはベン・ワットとの出会いが待っていた。

トレイシーは父親が運転する車に洋服、ギター、そしてお気に入りのレコードとそれを聴くプレイヤーを積み＊ハルへと出発した。大学の寮で見知らぬ人と部屋をシェアすることに緊張していたが、ルームメイトのティナもトランペットを吹くのが趣味だと聞いていたので、きっと大丈夫だろうと、トレイシーは不安と期待が入り交じる複雑な気分で、黙って助手席に座っていた。

大学に到着し、荷解きも一段落するとトレイシーは寮から歩いて数分の学生用のバーに出かけることにする。気分転換に一人で飲みたい気分だった。お酒を買

＊ハル（Hull）：
イギリスの北東に位置する
人口25万人の港町。

おうとバーの列に並んでいると、突然校内放送で「マリン・ガールズのトレイシー、至急受付に来るように。」と呼び出しがかかった。一瞬何のことだかわからず頭が混乱したが、トレイシーはその呼び出しがベン・ワットのものだとすぐに気がつく。トレイシーはロンドンにあるCherry Redの事務所を訪れた時に、マイクがベンの写真を指差して、彼もハル大学に行く予定だという話をしていたのを思い出す。その時に彼のソロ・シングル〝キャント〟を手渡されていたことも記憶に蘇ってきた。階段を駆け上がり受付に着くと、そこには柱に寄りっかかって立つベンの姿があった。ジプシーの血を引く彼の顔立ちはエキゾチックで、彼はジェームス・ディーンのようなジーパンと白いTシャツに身を包み、トレイシーが想像していたよりも爽やかな印象だった。

「僕が誰かわかる?」「きっとあなたがベン・ワットなのね。」「正解。トレイシー、寮にギターは持ってきてるよね?」これは二人が初めて交わした会話だった。二人でバーに戻り、お互いのことや好きな音楽のことを話し、次第に打ち解けていく。トレイシーはまだ出会ってから数時間なのに昔から彼のことを知っているような錯覚を覚えた。

ベンはトレイシーを自分の部屋においでよと誘った。彼女の寮の三軒隣のアパートだというので、トレイシーは緊張しながらもそれに従った。部屋にある彼のレコード・コレクションはまったくトレイシーのそれと異なっていた。唯一共通するのはヴィック・ゴダードとドゥルッティ・コラムくらいで、ジョイ・ディヴィジョンや*ジョン・マーティンなどのレコードが並ぶベンのコレクションにトレイシーは驚く。共通点が多いと思っていたが、ベンは彼女にとって出会ったことのないタイプの人間だった。

マイク・オールウェイは、ベンとの出会いがトレイシーの音楽性に影響を与えるだろうと予測していた。マイクはそれに拍車をかけるようにベンとトレイシーの二人でレコードを出さないかと提案する。A面にはベンが新しく作った曲を、そしてB面にはマリン・ガールズの〃オン・マイ・マインド〃の新しいヴァージョンと*コール・ポーターの〃ナイト・アンド・デイ〃のカバーを収録することになった。「*あなたの寝室に必要なもの、女の子以外のものすべて取り揃ってます」と書かれた家具屋の看板のフレーズが気に入って、二人はこのユニットにエヴリシング・バット・ザ・ガールと名付けた。同じ授業を受け、食事をとり、バーでくだらない話をしながらビールを飲む。二人は常に一緒に過ごし、レコードを聴いたり、曲を書いたりして時間を共有した。気がつくとトレイシーとベンの距離はとても近くなっていた。

大学に入って初めての冬休みを活用して、トレーシーはジェーンとアリスと共

＊「あなたの寝室に必要なもの、女の子以外のものすべて取り揃ってます」:
当初のエピソードはベンが“Nothing but the girl”という名前を考えてたのをトレイシーが“Everything but the girl”に変えた説もあったが、実際は家具屋の看板に書かれた“for your bedroom needs, we sell everything but the girl.” という言葉からバンド名は付けられた。

＊コール・ポーター (Cole Porter):
ミュージカルや映画音楽の分野で数多くのスタンダード・ナンバーを生み出したアメリカ出身の作詞作曲家。フレッド・アステアが歌った“ナイト・アンド・デイ”、ミュージカル「キス・ミー・ケイト」の“ソー・イン・ラブ”で知られている。

＊ジョン・マーティン (John Martin):
イギリスを代表するシンガーソングライター。十代でデビューし、フォークやジャズ、ブルースなどジャンルに縛られることなく40年余りのキャリアの中で21枚のスタジオ・アルバムを残し、2009年に大英帝国勲章を与えられた。

にマリン・ガールズを復活させることにした。三人で集まり録音し、シングル〝オン・マイ・マインド〟をリリース。そのレコードは「NME」のシングル・オブ・ウィークに選ばれ、ついにマリン・ガールズはジョン・ピール・セッションにも出演を果たす。伝説のバンドが再始動!と音楽誌でも話題の的になった。雑誌などの効果は絶大で、冬休みが終わり大学に戻ると、トレイシーは一躍スター扱いになっていた。

マイクはこのタイミングを逃すまいと以前から計画が進んでいたエヴリシング・バット・ザ・ガールのシングルをリリースする。当初B面に収録される予定だった〝ナイト・アンド・デイ〟がA面に変わり、発売された。このシングルはメディアから絶賛され、トレイシーのスモーキーな声の素晴らしさについて書かれた記事がずらりと並んだ。インディー・チャートで一位を獲得し、エルヴィス・コステロもラジオ番組「ラウンドテーブル」で彼女達のサウンドを絶賛。自分の歌声が力強く男性的で、独特なことがトレイシーにとってコンプレックスだった時期もあり、元々シャイな性格で歌うことが苦手だった。しかし、こうやって雑誌などで彼女の声が魅力的だと評価され、そして誰よりもベンがその才能を認めてくれていることが彼女を勇気づけてくれた。トレイシーの中でそのコンプレックスが薄らいでいくのを彼女自身も感じ取っていた。

それと同じタイミングでマイクはトレイシーにソロ・アルバムを作らないかと持ちかける。トレイシーは今ならば自信を持って取り組めるかもしれないと考え、首を縦に振った。トレイシーはアルバムの制作に取りかかる。完成したソロ・アルバム「ディスタント・ショア」はたった二十分ほどの短い作品だが、録音時の空気をそのまま閉じ込めたような繊細なアコースティックギターとトレイシーの歌声だけのミニマムなサウンドが高く評価された。少女の移ろいでゆく心の動きを切り取ったこの作品はたくさんのフォロワーを生み出し、トレイシーは女性シンガーソングライターの代表格となる。

ソロ・アルバムのリリースから一年が経った八二年の夏、ベンとトレイシーの二人の関係は変わりはじめていた。お互いの気持ちに気づきつつ、一歩踏み出す勇気がない二人は仲がいい友人を装っていた。しかしトレイシーは思い切ってそれをやめることにした。彼女がベンに気持ちを伝えると二人はついに恋人同士となった。トレイシーは寮を引き払い、二人は新しくアパートを借り、同棲をスタートする。

エヴリシング・バット・ザ・ガールの活動は順調だった。二人のライブにポール・ウェラーが自ら志願してゲストとして出演するなど、メディアでも注目の的だった。その人気に反比例するように、マリン・ガールズのメンバー三人のそれぞれの思いは冷ややかなものになっていく。再び三人は集まり、アルバム「レイジー・ウェイズ」をレコーディングした。しかしながら、「ビーチ・パーティー」のように納得できる作品は完成しなかった。思春期独特の倦怠感は彼女達から消失していた。トレイシーもジェーンもアリスもマリン・ガールズをやるには大人になりすぎてしまったのだ。

今まで彼女のアイデンティティとなっていたマリン・ガールズの終焉。それはトレイシーにとってエヴリシング・バット・ザ・ガールとしての本当の始まりだった。今でも名作として語られるエヴリシング・バット・ザ・ガールのアルバム「エデン」をはじめ、イギリスだけでなく海を飛び越えたアメリカでも人気に火が付き、トレイシー達は八〇年代を代表するイギリスのバンドとなる。九〇年にベンが*難病で生死の境をさまよう事態となり危機を迎えたが、奇跡的に助かりトレイシーとベンの絆はより強いものとなった。

ベンの闘病生活を支えながらトレイシーはソロ、そしてエヴリシング・バット・ザ・ガールとして音楽活動を続け、ディスコクイーンの名を欲しいままにした。忙しい音楽活動のなかでベンと正式に結婚し、出産を経験してトレイシーは双子の姉妹と男の子の母となった。さらに輝かしい*成功への道が用意されていたにもかかわらず、彼女はその道を捨てて子育てを選択した。運命の相手であるべ

＊成功への道：
96年に「Walking Wounded」をリリースし、U2のツアーサポートとしてオファーを受けていた。もしこれが実現していればさらなる成功が待っていたはずだが、トレイシーとベンはそれを望まなかった。

＊難病：
チャーグ・ストラウス症候群という全身の動脈に炎症が生じる疾患で原因などまだ解明されておらず、難病に指定されている。ベンは現在もステロイド剤などの薬を服用している。

ンと大切に築いてきた家庭を最優先し、音楽のキャリアに一区切りをつけることで、彼女はやっと自分の今まで残してきた輝かしい功績とまっすぐ向き合うことができるようになる。周囲からの励ましもあり、ジェットコースターのように駆け抜けた今までの活動を一冊の自伝本にまとめたことで心の荷がすっと降りる気がした。

七九年に初めてのギターを手にしたパンク少女は三十年以上経った今でも女性シンガー、ガールズ・バンドの象徴として語られ続けている。女性ミュージシャンのアイコンと呼ばれることに彼女は謙遜し、うつむいてしまうかもしれない。それでもトレイシーはその運命を避けられない。彼女は誰もが認める天性の才能を持った特別な存在なのだから。

Cassie Ramone

Vivian Girls

キャシー・ラモーン（Vivian Girls）

──第二のキム・ゴードンと呼ばれたライオット・ガール

二〇一四年の三月二日、ブルックリンの*ベイビーズ・オールライトで一つの時代が幕を閉じた。

この言い方は大げさに聞こえるかもしれない。しかし二〇〇〇年以降に現れたガールズ・バンドのなかでもっとも影響力を持ったヴィヴィアン・ガールズ（Vivian Girls）の解散は、バンドの終焉以上の意味を持った事件だった。

ドラムのアリ、ベースのキックボール・ケイティー、ギターでヴォーカルのキャシー・ラモーンというポップなニックネーム、*ヘンリー・ダーガーのカオティックでシュールな世界を纏ったバンド名とのギャップ、そしてフィル・スペクターが生み出した数々のガールズ・グループを彷彿させるメロディーやコーラスとディストーションがかかったハードなギターサウンドとのギャップ。彼女達のすべてが革命だった。

メンバーチェンジがありながらも、女子三人というスタイルを最後まで貫き通した。そしてフロントに立つキャシーは居心地が悪そうだった。

*ヘンリー・ダーガー（Henry Darger）：
アウトサイダー・アートの代表的作家。天涯孤独の中で「非現実の王国で」を生み出した。挿絵も自ら描き、死後その作品が発見される。

*ベイビーズ・オールライト（Baby's Alright）：
2013年にオープンしたブルックリンのライブ会場。CMJショーケースの会場としても使用されている。

目の下には鉛筆で描いたようなクマ、ひょろっとした身体、それを覆い隠すように、八〇年代に流行ったGジャンをぶかっと羽織る。Gジャンがない時はボタンダウンのくたくたなネルシャツをバンドTシャツの上に重ねる。ファミリー・ドラマの名作「フルハウス」に出てきても違和感のないファッション・センスの持ち主であるキャシー。彼女は二四時間、三六五日どんな時でも飾らずに自然体でマイペースな性格だ。見た目や立ち振る舞いはアメリカのティーンエイジャーのようで、実年齢より幼い印象を与える。カセットテープやハンバーガー、ラモーンズ（Ramones）など、勉強机に好きなものを落書きして埋めていくように、腕には数えきれないほどのタトゥーが刻まれている。その腕は口数の少ない彼女を代弁してくれている。バンドのフロントに立つには気分屋で引っ込み思案な性格でありながらも、ヴィヴィアン・ガールズはキャシーの底抜けの純粋さと音楽的才能がなければ成立しなかった。

本名キャシー・グリズムコウスキーはニューヨークの南に位置するニュージャージーで生まれ育った。父親は交通機関の信号を整備する会社、そして母親は大手の薬剤会社*MERCKで、共にコンピューターのプログラマーとして働いていた。母親はアーティストとしても活動していたが、音楽的な素養はなかった。キャシーは幼い頃からオモチャなどで小さな空想上の世界を作るのが大好きで、

*MERCK：
ニュージャージーに本社を構えるアメリカでも有数の製薬会社。

絵を描いたり、架空のファッションショーを繰り広げたり、アーティスティックなところは母親譲りだった。音楽への興味も早熟で、八歳になるとキャシーは突然サックスに興味を持つようになった。それから六年間サックスを習い、両親の希望で十一歳でピアノのレッスンに通うようになり、十六歳になるまで通い続けたものの、ピアノやサックスよりもギターに心惹かれていた。

十三歳の時にキャシーはやっと自分のギターを手に入れる。彼女はすぐに虜になり、四六時中練習した。いつしかギターはキャシーにとってかけがえのない親友のような存在になっていった。リッジウッド高校に通い始めた彼女は、アップホルステリー（Upholstery）というビート・ハプニング（Beat Happening）とThe B-52sが混ざったようなローファイなニューウエーブなバンドをやりながら地元のバンド達と交流を持つようになる。そして同時期におこなわれたウィーザー（Weezer）のライブで後にバンド・メンバーとなるケイティーに出会う。友達になりたいと思いつつも、陽気な性格のケイティーはキャシーにとって太陽のように眩しい存在だった。

高校卒業と同時にキャシーは両親の元を離れ、ニューヨークの中でも多くのミュージシャンが活動の拠点とするブルックリンへと単身で飛び込んだ。パティ・スミスを輩出したプラットはアート系の私立学校で、キャシーもここで美術を学びながら夜な夜なライブに足を運んでいた。彼女はインディペンデントなバンドのブッキングを手がける*トッド・Pがオーガナイズするイベントやパーティーに欠かさず現れるほど、ブルックリンのアンダーグラウンドな音楽シーンへとのめり込んでいく。

グリーンポイントにあるオルファネイジはそのシーンに属するパンク・ミュージシャンが集う共同住宅だ。そこでキャシーは*フランキー・ローズに出会う。ドラマーとしてブルックリンで活動していたフランキーがキャシーにバンドをやらないかと持ちかけ、キャシーは同じくブルックリンに移り住んできたケイティーに声をかけ、ヴィヴィアン・ガールズは結成された。しかし女の子が三人集まれば友情も生まれるが亀裂が入るのも宿命だ。一枚シングルを出した後に、フランキーとキャシーの仲は急速に悪化。猛烈なキャットファイトの末にフランキーはバンドを脱退してしまう。女子の友情の脆さはこの後もヴィヴィアン・ガールズ、そしてキャシーを翻弄することとなる。

フランキー脱退後、ドラムの空きを埋めるためにメンバーを探さなければいけなくなった。そこでケイティーはある女の子の存在を思い出す。彼女が大学時代に出会ったアリ・コーヘン、彼女ならドラムを叩けるはず！とさっそく連絡を取った。そしてアリはすぐに正式にメンバーとなり、ヴィヴィアン・ガールズは女子

*フランキー・ローズ(Frankie Rose)：ヴィヴィアン・ガールズだけでなく、ダム・ダム・ガールズ(Dum Dum Girls)など数々のバンドを渡り歩いてきた女性ミュージシャン。現在はソロミュージシャンとして活躍中。

*トッド・P：本名トッド・パトリック(Todd Patrick)。2001年にニューヨークへ移る以前は、オースティン、ポートランドでイベントのオーガナイズを手がけた。インディペンデントなアーティスト達を支え続けている。

三人編成となった。

フランキーは喧嘩の傷跡だけでなく、フィル・スペクターのウォール・オブ・サウンドのような音の空間をリバーブ・ペダルで作る技術も残していった。結成当時、彼女達はブルックリンのインディーという括りで語られることが多く、本人達は*ペインズ・オブ・ビーイング・ピュア・アット・ハート（The Pains Of Being Pure At Heart）や*クリスタル・スティルツ（Crystal Stilts）など、*C86リバイバルのようなジャングリーなサウンドのバンドと一緒にされることに違和感を感じていた。なぜならキャシーが理想としていたバンド像はあくまでもパンクバンドだったからだ。

同じブルックリンを拠点とし、アカデミー・レコーズで働いていたマイク・スナイパー。ミンクス（Minks）やクラフト・スペルズ（Craft Spells）が所属する**Captured Tracks**のオーナーで、インディー界では名の知れた存在である。彼はまだシングル一枚しかリリースしていないにもかかわらず急激に火がついたヴィヴィアン・ガールズの人気、ブルックリン界隈だけでなく、世界中でも異常なほどに盛り上がっていく様子をダイレクトに感じていた。その勢いは止まらず、**Play With Dolls**という小さなレーベルから7インチ・シングルをリリースすると、たったの三週間で完売する偉業を達成。セルフ・タイトルがつけられたデビュー・

＊C86：
NMEが企画しリリースしたカセット・テープ。ジャングリーなギターポップやポストパンクなど旬なアーティストが収録され、ブームとなった。

＊クリスタル・スティルツ(Crystal Stilts)：
ガレージ、ブルース、ノイズを混ぜ合わせ、ルー・リードを彷彿させるヴォーカルが印象的なバンド。

＊ペインズ・オブ・ビーイング・ピュア・アット・ハート(The Pains Of Being Pure At Heart)：
ブルックリン出身のインディーポップ・バンド。80年代を彷彿させるノスタルジックなメロディーで日本でも人気を獲得した。

アルバムで、本国アメリカのみならず、イギリス、そして日本でもインディーのイット・ガールならぬ、イット・ガールズ・バンドとして注目を集めた。キャシーにはキム・ゴードンにも通ずるカリスマ性があると、メディアも彼女の才能を絶賛する。

今となっては廃れてしまったが、*マイスペースの全盛期にロンドンで開催されていたトゥイー・アズ・ファック（Twee As Fuck）というライブイベントとファンジンが連動したグループがあった。そこではパステルズ（The Pastels）やウッド・ビー・グッズ（Would-Be-Goods）などのインディーのレジェンドとヴェロニカ・フォールズ（Veronica Falls）のような新鋭のバンド達がいいバランスでブレンドされ、新しい波が生まれてきていた。そのイベントを主催するパヴラはカメラマンとしても活動しており、彼女が発行していたファンジンの表紙には彼女の撮りおろしの写真が使われている。その中でもトレンチコートを着て探偵を装ったヴィヴィアン・ガールズが表紙に使われた号はたちまち売り切れるほど人気だった。キュートだけど、毒々しさもある、ただC86をリバイバルするのではなく、DIYでパンクな精神を持ったトゥイー・アズ・ファックとヴィヴィアン・ガールズはエポック・メイキングな存在として時代に足跡を残した。

そこでRough Tradeはその流れをくみ取り、ヴィヴィアン・ガールズを始めと

*マイスペース（Myspace）：音楽、エンターテイメントを中心としたソーシャル・ネットワーキング・サービス。プロフィールなどのレイアウトを自由にカスタマイズでき、音楽ファイルをアップし、公開できる。広告などでページが重たくなり、今ではあまり使われておらず、サウンドクラウドやバンドキャンプへ移行した。

する旬なインディー・バンド達を集めたコンピレーション・アルバムを製作した。「*ラフトレード・ショップス：インディポップ09」と名付けられたその作品には彼女達の代表曲〝モペッド・ガールズ〟が収録され、その反響は大きなものとなった。

インディー・ポップのガールズ・バンドのアイコンとして猛スピードで祭り上げられ、彼女達を崇拝するガールズ・バンド達がシーンに生まれていった。しかし当のキャシーはそんなことにはお構いなしだった。そのマイペースさはどれだけファンが増えようとも、アリがドラムをやめてベスト・コースト（Best Coast）に移籍し、ケイティーがロサンゼルスに引っ越したとしても変わらず、ただ自分がやりたい音楽をやるだけだった。

キャシー、ケイティー、アリの三人が揃う最後のアルバム「エヴリシング・ゴーズ・ロング」リリース後、アリの後継者としてコースティング（Coasting）のメンバーで*M'Lady'sレーベルのスタッフとしても働くフィオナが加入した。二〇一一年には「シエアー・ザ・ジョイ」をリリースするものの、ケイティーはラ・セラ（La Sera）を、キャシー自身もブルックリンの音楽仲間達とベイビーズ（Babies）を結成し、ヴィヴィアン・ガールズはガールズ・バンドのカリスマとして存在はしながらも、バンドとしての機能を失っていった。最後のリリースから三年、キャシーは前に

*M'Lady's：
ポートランドを拠点とし2007年にスタートしたインディー・レーベル。ポストパンクやガレージなど数々のミュージシャンを輩出。ファイナリー・パンク（Finally Punk）やイエロー・フィーヴァー（Yellow Fever）などをリリース。

*ラフトレード・ショップス：インディポップ09（Rough Trade Shops: Indie Pop 09）：
毎年リリースされているラフトレードがセレクトするコンピーレション。インディーポップの流行をキャッチし、25アーティストを選出。

進むために決断を下した。ケイティー、アリ、キャシーの黄金メンバーに戻り、三つのショーをもってヴィヴィアン・ガールズを解散させるというものだった。熱狂的なファンはそのニュースを受け入れるのに苦しんだ。ネット上で発表した解散表明は彼女達を支えてくれた友人やファンにむけて感謝の気持ちを綴ったもので、最後は「XOXO」（キス&ハグ）という言葉で締められていた。女の子が友達に「またね」と気楽な感じで挨拶するような軽やかさで、シリアスにならないところが彼女達らしいやり方だった。

人気絶頂期には時のバンドとして賞賛されることもあれば、メディアから批判されることも多かった。それはバンドをやっていると避けて通れない。「人やメディアから酷い記事を書かれたり、言われたりすることが一番辛かった。」そう語っていたキャシーは批判に耐えられる鋼の精神の持ち主ではなかった。小さな頃から空想するのが好きで、お喋りを楽しむよりも一人でパズルをしたり、絵を描くのが好きな感受性豊かな女の子だった。ガールズ・バンドの象徴となったヴィヴィアン・ガールズを葬ることで、キャシーは自由を手に入れた。これからキャシー・ラモーンとして活動の幅を広げていくことに胸を躍らせている。*BFF（Best Friends Forever）、十三歳の時に手にしたあのギター。キャシーにとって音楽は親友で、その親友はこれからも決して彼女を裏切らないはずだ。

*BFF
(Best Friends Forever)：
10代の女子が親友に使う言葉。

追記

二度の日本ツアーでツアー・マネージャー兼ドライバーとしてヴィヴィアン・ガールズと過ごした日々のことを思い出してみる。

アリはいつでもメイクばっちりでお洒落に気を遣っていた。ケイティーはショートパンツとグレーのTシャツというシンプルなファッションでも抜群のスタイルで様になっていた。肝心のキャシーはいつもぐちゃぐちゃのヘアースタイル。メンバーに「ちゃんとシャワー浴びてよ!」と言われ、その寝起きみたいな格好はアリ、ケイティーとは対照的だった。

それでもステージに立つとマジックがかかったようにキャシーは輝いて見えた。虚ろだった眼差しも、きりっとした凛々しいものへと瞬時に変わる。オンとオフがここまではっきりしたミュージシャンを見たことがなかったのでその姿は鮮明に私の記憶に刻まれている。

FEMALE Musician in MOVIE

映画の中においてもミュージシャンとして活躍する女性、ガールズ・バンドが題材となっている。男性と比較すると圧倒的に数は少ないが、男性社会であるショービズ界で翻弄されながらも主張し、運命と闘っている女性達の姿はこの本で挙げている女性ミュージシャンと重なっていく。

TIMES SQUARE
『タイムズスクエア』(1980)

当時日本でも劇場公開され VHS として時々見かけるが、DVD 化されていないのがとても惜しい二人の少女の青春映画。まだ十代半ばのニッキー（ロビン・ジョンソン）とパメラ（トリニ・アルヴァラード）は精神病院で知り合う。ほぼホームレス状態のニッキーと政治家の父を持つお嬢様のパメラの生まれ育った環境はまったく違うがお互いに惹かれ合い、病院から逃亡する。パンクを愛するニッキーは曲を作り、バンドを組もうとパメラを誘う。戸惑いながらもパメラはニッキーの勢いに押され二人は、Sleeze Sisters(がらくた姉妹)という名前で活動をスタートさせる。ラジオのディスク・ジョッキーのジョニーは彼女達の才能にいち早く目をつけ、Sleeze Sisters をラジオ・ライブに出演させたりと熱心に彼女達を支えた。世間に対するフラストレーションや、有り余るエネルギーを音楽で発散する方法を知ったパメラのお嬢様からの成長ぶりにきっと心揺さぶられるはず。

THE RUNNAWAYS
『ランナウェイズ』(2010)

ヴォーカルのシェリーの自伝「Neon Angel: The Cherie Currie Story」を土台とし、日本も巻き込み一大旋風を巻き起こしたガールズ・バンドである The Runaways のストーリー。下積みの時代を経て成功を掴みながらも、ドラッグやアルコール、メンバー間の不和によって 5 人の女の子たちはバラバラになっていく。ジョーン・ジェットを演じたのは、「トワイライト」シリーズで人気女優となったクリステン・スチュアート。シェリー役は子役時代から異彩を放っていたダコタ・ファニングが演じた。ローラーコースターのように時代を走り抜けていった彼女たちの存在は後に Bikini Kill やコートニー・ラブにも影響を与え、特にジョーン・ジェットは元祖ライオット・ガール、パンクのゴッド・マザーとして崇拝される存在に。ライオット・ガール・バンドとして影響力を持った Bratmobile は The Runaways の代表曲 “Cherry Bomb” をカバーしている。

LADIES AND GENTLEMEN, THE FABULOUS STAINS

日本未公開（1982）

モデルのアレクサ・チャンが自伝の中でこの映画をお気に入りにあげていることで、日本の女性たちにも少しは名前を知られるようになったこの映画は、ここ最近まで本国アメリカでもカルトな作品として取り扱われていた。ダイアン・レイン演じるコリーンがバイトをクビになり３ピースのガールズ・バンド「Stain」を結成し、成功を掴むストーリー。プロフェッショナルとはほど遠い演奏ながら、The Shaggsのように初期衝動で突き動かされる少女達のエネルギーに満ちあふれている。この映画がひときわ輝いている一因は、コリーンの口から発せられる台詞である。１つ１つをここで述べることはできないが、コリーンが音楽というツールを使って「自分らしく生きる」ことの大切さを主張することで、多くの少女達をこの世に潜む矛盾から解放してくれたはず。「どんな女の子も*16歳の誕生日にエレキギターをプレゼントされるべきだと思うの。」（*アメリカでは16歳の誕生日は“スウィート・シックスティーン”として盛大にお祝いする）もし本当にそうなったとしたら……この世界はもっと女性が生きやすい環境になるだろう。

BEYOND THE VALLEY OF THE DOLLS

『ワイルド・パーティ』（1971）

マンソン・ファミリーの「シャロン・テート惨殺事件」からヒントを得て、ラス・メイヤー監督（ソフトコア・ポルノ映画の大監督）が作ったこの映画には、ハリウッドの華やかさの裏に渦巻くセックス、ドラッグ、ロックンロールの世界が描かれている。その世界で翻弄される３ピースの「ケリー・アフェア」は、今でもガールズ・バンドのアイコンとなっている。PLAYBOY誌でもモデルとして活躍したドリー・リード演じるケリー、そこにケイシー、ペトロネラが加わり結成されたケリー・アフェア。学園祭バンドなみの実力ながらハリウッドで成功を掴むためにバンに乗り込みロサンゼルスへと向かう。そこで出会った敏腕プロデューサー（モデルはフィル・スペクター）のZマンにバンド名を「キャリー・ネイションズ」に変えて売り出してやると持ち掛けられ、世間知らずな彼女達は乱痴気なハリウッド・バビロンに飲み込まれていく……。ガールズ・バンドの宿命がシニカルに描かれており、一度は反面教師として見る価値はある。

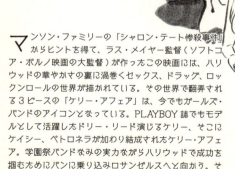

Pam Berry

The Black Tambourine

パム・ベリー (The Black Tambourine)

——黒いドレスで身体を包み隠した麗しき創造の女神

何かに怯える少女のような瞳、艶やかなブラックのボブ。日本ではモガと呼ばれたその*フラッパーな髪型の*ルイーズ・ブルックスはカルト的な人気を誇る女優である。

ブラック・タンバリン(The Black Tambourine)のパメラ・ベリーの写真を眺めていると、ルイーズの顔が亡霊のように重なる。透き通る瞳を持った美しい顔立ちでありながら、パメラは写真に撮られることを極端に嫌っていた。彼女にとって大きな身体はコンプレックスであり、それを隠すためにどんな時でも黒いワンピースに身を包んでいた。それでも彼女は人前に立って歌うことが好きだった。歌うことが周りの世界と繋がれる唯一の方法だと信じていた。

パメラことパム・ベリーはワシントンDCで学生時代を過ごした。八〇年代も終わりに差し掛かった頃、パムは後にバンド・メンバーとなる友人のアーチー・ムーアと共に、知り合いのマイク・シュルマンが通うメリーランド大学の寮に行っては、マイクがバイトをしていたヴィニール・インク・レコーズに入荷予定の素

*ルイーズ・ブルックス(Louise Brooks):
フラッパーを代表するアメリカの女優。代表作「パンドラの箱」では周りを不幸に陥れるルルを演じた。第二次世界大戦後は映画の学術的研究にも取り組み、才能を発揮した。

*フラッパー:
20年代に欧米で流行したスタイル。膝丈の短いスカートやショートヘアのボブカット、ジャズ音楽などを好み、奔放なイメージで語られた。

晴らしいレコードを聴き漁って過ごしていた。六〇年代のサイケやニューウェーブなどジャンルや年代にとらわれず、マイクが薦めるバンドを聴くのをパムは好んだ。友達の同居人のブライアンとは大学は違うものの、毎週末に皆で集ってはレコード屋をハシゴしたり、ライブに出掛け、気づけば小さなサークルが出来上がっていた。その仲間内で「バンドをやろう」という話は何度もあがったが、そのたびにうやむやになり、なかなかエンジンがかからなかった。

大学を卒表するとそれぞれの道に進むために皆はバラバラになった。パムは期間を半年と決め、ロンドンへ旅立った。そこでも彼女はRough Tradeなどのレコード屋を巡る。C86系のバンドやジーザス・アンド・メリー・チェーン（The Jesus and Mary Chain）やマイ・ブラッディ・ヴァレンタイン（My Bloody Valentine）などのライブに毎晩のように足を運び、イギリスのインディー・サウンドの洗礼を受けた。その経験は彼女のバンドをやりたいという気持ちに火を付ける。まだメンバーも揃っていない状態にもかかわらず、すでに彼女の頭の中ではブラック・タンバリンのプロジェクトが始動していた。

イギリスからアメリカに戻ると、パムは慣れないギターを手にしながら曲を書き上げ、かつての友人達を集め録音作業に取りかかった。初めに完成したインストの〝パムズ・タン〟は*ヴェロシティー・ガール（Velocity Girl）、パウダーバーン

*ヴェロシティー・ガール（Velocity Girl）：
89年にプライマル・スクリームの曲名からバンド名を付け結成された。ヴォーカルで紅一点のサラ・シャノンの繊細な歌声とギターの轟音がマッチしたサウンドでSlumberlandやSub Popレーベルから作品を発表した。

ズ(Powderburns)と共にマイクがスタートしたSlumberlandレーベルの記念すべき一枚目に収録された。周囲からの評価、セールスなどに執着せず、青春時代を過ごした親友達とレコードを作れたことが、パムにとっては何よりも嬉しく、自分が後に多くのインディー・バンドに影響を与える存在になることはまったく念頭になかった。

九一年にリリースした〝バイ・トゥモロー〟は轟音のギター・サウンドが激しく響き、彼女のイギリスのバンド達への憧れが表れた作品となり、ブラック・タンバリンのサウンドは確立されていく。そしてその一年後にはシングル〝スロー・アギー・オフ・ザ・ブリッジ〟が完成。パステルズ(The Pastels)の歌姫アギーへの憧れを込めたこの曲は、アメリカだけでなく世界中のインディー・ファンの心を鷲掴みにした。ジャケットにはパムが崇拝する女優ルイーズ・ブルックスが拳銃を手にした写真がブルー一色でプリントされ、そのイメージが轟音のギターの甘美な響きと共鳴した。

ブラック・タンバリンのメンバーは結成当時からそれぞれが社会人として働いていたため、練習やツアーの時間を確保するのが難しく、活動は長く続かなかった。その後もパムはヴェロニカ・レイク(Veronica Lake)、ブライト・カラード・ライツ(Bright Colored Lights)など、バンドを転々としながら、その清らかでノーブルな歌声をレコードという形で残していった。その当時の状況を「シーンにバンドは山のようにいるけど、女の子の歌い手がいなかったから、たくさんのバンドから誘われたのだと思う。」と謙遜しながら語っているが、彼女の歌声には他の人にはない特別な魅力があり、周りが放っておくはずはなかった。

バンドに参加する傍らで、パムはジャーナリストとしても活動の幅を広げていく。現在はポートランドで雑誌「*キンフォーク」の編集として働くガイル・オハラとパムは、地元ワシントンDCの新聞社でライター、編集者として働く同僚であり何でも話せる親友だった。その後ガイルは新聞社を辞め、フリーランスとして働くためにニューヨークへの引っ越しを決めた。そんな彼女はパムにある提案をする。

ニューヨークで音楽誌「*スピン」のライターとして働くガイルは、記事として掲載するために*ウエディング・プレゼント（Wedding Present）にインタビューをしていた。しかし編集部は彼らのスタイルがオルタナ色の強い「スピン」誌には合わないと判断したために、せっかくのインタビューは宙ぶらりんの状態になってしまった。ガイルはその貴重なインタビューを生かすために、自分のメディアを持つことに決めた。彼女はまずパムに相談し、自分達の好きなものを好きな形で発信できるファンジンをスタートさせる。二人が編集長をつとめる「*チック

＊チックファクター（Chickfactor）：
92年の夏にスタートしたファンジン。2012年までに計17号をリリースしている。名前はベル・アンド・セバスチャンの曲名から付けられた。

＊ウェディング・プレゼント（Wedding Present）：
ジョン・ピールも絶賛したリーズ出身のインディーロック・バンド。スティーヴ・アルヴィニを迎えて制作された「シーモンスターズ」は現在も名盤として語り継がれている。

＊スピン（Spin）：
ボブ・グッチオーネJr.によって1985年に創刊。音楽ニュース、レビュー、インタビュー、ライブレポートが掲載され、メジャーからインディーズバンドまで幅広く紹介している。

＊キンフォーク（Kinfolk）：
アメリカのポートランドで創刊したライフタイル・マガジン。編集長のネイサン・ウィリアムズを中心に欧米だけでなく世界中にコントリビューターが存在している。

ファクター」は九二年の秋に完成した。記念すべき創刊号にはウェディング・プレゼントのデイブ、パムと親交のあるスモール・ファクトリー（Small Factory）、ヴェルヴェット・クラッシュ（Velvet Crush）のリック・メンクのインタビューが収録され、ヴェロシティー・ガールのツアー日記、ファッションやカルチャーなど音楽以外のコラムや漫画など、女性ならではのアイデアが目一杯詰まった内容となった。ニューヨークとワシントンDCをお互い行き来しながら、忙しい合間を縫って作られたファンジンはゼロックスで印刷された単色刷りの手触り、スモール・インディーに対する熱意、ガイルとパムの音楽に対するまっすぐな姿勢が反映されている。一年に一〜二冊というスローペースながらも、二十年が経った今でも発行は続いている。アメリカにおけるライオット・ガールやフェミニズム文化の推移を知ることができると同時に、インディペンデントな音楽の歴史を紐解く貴重な資料にもなっている。メジャーな音楽雑誌ではけっして取り上げられない女性ミュージシャン達を取り上げることに二人は使命感と愛情を持って取り組んだ。

新聞社での仕事、ファンジンの編集と多忙な日々を過ごしながらも、彼女は歌いたいという気持ちを諦めていなかった。パムはかねてからの友人であるサタデー・ピープル（The Saturday People）のダン・シーリング、テリー・バンクスと組み、九四年にグロ・ワーム（Glo-Worm）を結成する。サウンドをシンプルでソフトなものにするためにパートはギター、ヴォーカル、パーカッションに限定した。時折アクセントとしてエレキギターは使用しながらもアコースティックギターをメインに鳴り響かせ、そのサウンドはまるで穏やかなせせらぎのようだった。今までギターの轟音のベールに包まれていたパムの声はよりくっきりと甘美な世界を作り出した。

グロ・ワームはパムにとっても自分の声の可能性に改めて気づくきっかけを与えてくれた。どの曲も二分にも満たない短さで、瞬く間に手の平の上で消えてしまう雪の結晶のように儚い。

パム達は二年という活動期間の中で三枚のシングル、そして作品すべてをまとめたアルバム「グリマー」を発表した。シングルのジャケットには共通して彼女が愛するクラシック映画のシーンが使われ、パムの美しい歌声をさらに引き立てている。ボビー・ダーリン（Bobby Darin）の〝ビヨンド・ザ・シー〟、ペトラ・クラーク（Petula Clark）の〝ダウンタウン〟、キュアー（The Cure）の〝フライデー・アイム・イン・ラブ〟など、彼女がずっと大切に聴き続けてきた曲のカバーはその素晴らしい内容に原曲の存在を忘れるほどだ。パムが関わったどのバンドでも彼女の美しい歌声は強く印象に残る。その中でも彼女の歌声を全面に押し出し、無駄を削ぎ落したグロ・ワームこそパメラ・ベリー自身を象徴するものだった。今でもインディー史に残る伝説のバンドとして語り継がれている。

断続的ながら長く続けていた音楽活動を一段落させたパム。友人の紹介で知り合ったエンジニアのマイケル・ジョーンズと恋に落ち、すぐに結婚。長らく活動の拠点としていたワシントンDCを離れることになった。彼女達は新しい拠点をパムが大学卒業後に旅したロンドンに決めた。パムは夫マイケルとの新しい生活を楽しみにしていたが、ガイルと築き上げてきた「チックファクター」を存続できるのか、不安もあった。パムは幸せな結婚生活のなかで子どもを授かり、長女にアヴァ、次女にタルーラと名付けた。パムのDNAを引き継ぎ、二人の娘は共に整った顔立ちで透き通るように美しい。特に長女のアヴァはフラッパーな髪型も含めてパムに瓜二つだった。パムは映像に字幕を付ける在宅の仕事をしながら、子ども達が寝静まった頃にレコーディングをするようになっていった。つきっきりで子育てをしなければいけない時期は音楽活動を休止せざるをえなかった。しかし娘達が学校に行くようになってからは再びバンドに参加するようになる。*ウィザード・ハンド（Withered Hand）、*バート・アンド・フレンズ（Bart And Friends）など彼女へのオファーは絶えず、ついには飛行機嫌いを克服し、ニューヨークやアイスランドにも訪れてその歌声を披露。心に余裕が生まれたことで、パムの音楽活動はより自由なものへと変化していく。

＊バート・アンド・フレンズ（Bart And Friends）：
メルボルン在住のバート・カンニンガムが中心となり、曲によってメンバーを変え制作するコラボレーション・ユニット。豪ギターポップ界には欠かせないバンドとなっている。

＊ウィザード・ハンド（Withered Hand）：
30歳から音楽活動をスタートしたダン・ウィルソンのユニット名。2008年に活動をスタートし、現在までに2枚のアルバムを残している。

さらにパムは音楽で培ってきたＤＩＹな才能を生かし、カードやバッグ、アクセサリーなどを作り「*Craft Ho」という名義でマーケットで販売するようになった。彼女の新たな才能に「クラフト」が加わった。娘達のためにギターやキツネ型のパンケーキを焼き、服を手作りしてあげることで、そのクリエイティブさに磨きをかけ、理想の家庭を築いていった。

「新しい作品をレコーディングするのをとても楽しみにしているわ。」そう語る彼女の創作意欲は環境が変わってもまったく変わっていない。「チックファクター」の二十周年パーティーでは長らく封印していたブラック・タンバリンを復活させ、周りを驚かせた。

パムは二十年に渡る音楽活動の中で数えきれないほど膨大な数のバンドに関わり、軌跡を残してきた。

彼女の歌声をフォトアルバムのように一つ残らずすべて並べたら、壮大なタペストリーになることだろう。コンプレックスだった大きな身体、それを忘れさせてくれるのは彼女が愛した音楽だった。歌うことで彼女はルイーズ・ブラックのように永遠に美しい存在でいられるのだ。

*クラフト・ホー(Craft Ho)：クッションやバッグ、カードなど、音楽のスパイスを利かせたアイテムをネットショップやブリクストンで開催されている「クラフティー・フォックス・マーケット」などで販売している。

Roxanne Clifford

Veronica Falls

ロクサンヌ・クリフォード (Veronica Falls)

――インディー界のゴシック・プリンセス

ヴェロニカ・フォールズ (Veronica Falls) の「ウェイティング・フォー・サムシング・トゥ・ハプン」のジャケットには女性が男性を突き放しているモノクロの写真が使われている。しかしその写真を眺め続けていると、男性が女性を受け止めようとしているようにも見えてくる。突き放すのか、受け止めるのか、見る人の解釈によって印象が真逆のものとなる。

これは一つの例だが、彼女達はデビューから今に至るまで、作品の中にペシミズムとオプティミズムをギリギリのバランスで配合することで生まれる矛盾を楽しんでいるように思える。「生き埋めにして欲しい。周りの人が泣いて悲しもうとも、私は構いはしない。」こういった悲観的な歌詞に彼らが合わせるのは決まってその真逆のブライトでポップなメロディーなのだ。

ヴェロニカ・フォールズはジェームス・ホアレ、マリオン・ハービン、パトリック・ドイル、そしてロクサンヌ・クリフォードの四人によって二〇〇九年にロンドンで結成された。メイン・ヴォーカルであるロクサンヌこそヴェロニカ・フォールズの中核であり、彼女の中に同居する光と闇こそが最初に述べたバンドの性質を形作っている。彼女の力強い眼差し、感情を表に出さないクール・ビューティーさ、ドラマチックで可憐な歌声から女の子達にとって憧れの存在となっている。しかし、世界中に膨大な数のファンを持ち、影響力を持ちながらも、彼女はまだこのバンドが一つの通過点に過ぎないと考えている。

ロクサンヌ・クリフォード。どこか貴族的な響きのある名前を持つアイルランド系の美しい顔立ちをした少女。彼女はマンチェスターで産声を上げた。十歳年の離れた姉アレクシアの後をいつも追いかけ、姉は甘えん坊なロクサンヌを全力で可愛がる。人見知りで引っ込み思案な性格で、打ち解けるまでに時間がかかる不器用な妹。その一方でロクサンヌには子供らしいお転婆な一面もあり、従兄弟と木の上に小屋を作って秘密基地ごっこをするのも好きだった。そんな彼女に色々な世界を見せてくれたのはアレクシアだった。

家族団らんの時間には、決まって父は娘達にギター弾いて聴かせてくれた。そんな父に憧れ、ロクサンヌもギターを弾いてみようと学校のギター教室に通い始める。まだ九歳になったばかりの彼女にとって、そのギター教室は期待はずれで退屈だった。他の生徒は男の子ばかりで、授業は楽譜に忠実に弾かなければいけない堅苦しいものだった。お父さんが弾いているギターはあんなに楽しそうなのにと失望し、一年ほどでやめてしまう。ロクサンヌが興味を持ったのはギターだけでなく、カメラやテレビなど、同年代の女の子達とはかけ離れたものばかり。大人になったら電話機のデザインを手掛ける仕事をしたい。そんな将来の夢を持つロクサンヌは、クラスメイトからはちょっと風変わりな子だと距離を置かれがちだった。しかし彼女にはそんな子達に同調して人形遊びをするより、姉や姉の友達と音楽を聴いたり、本を読んでその世界に入り込むほうがよっぽど気楽だった。

彼女が生まれ育ったマンチェスターは、七〇年代にはバズコックス（Buzzcocks）、マガジン（Magazine）、ドゥルッティ・コラム（Durutti Column）、八〇年代にはスミス（The Smiths）、ジョイ・ディヴィジョン（Joy Division）、九〇年代にはストーン・ローゼズ（Stone Roses）、オアシス（Oasis）などイギリスを代表するバンドを多数生み出したロンドンに匹敵する音楽都市である。ロクサンヌの姉は父譲りの音楽フリークで、特にスミスの熱狂的ファンだった。毎日のように二人でレコードを聴いてはこの街が生み出したスーパーヒーローに思いを馳せていた。

ロクサンヌは姉が買ってきたレコードをこっそり一人で聴いているうちに、一度冷めたギター熱がじわじわと再熱していくのを感じた。そして彼女は十三歳の時に再びギターを手にし、今度こそはという気持ちで、教室には通わずに自力でビートルズ（The Beatles）やニルヴァーナ（Nirvana）のギターフレーズを練習し、その腕を上げていった。音楽は常に彼女にとって自己表現の手段であり、精神を豊かにしてくれるものとなっていく。しかしその一方で音楽は彼女のすべてではなく、一部に過ぎないことにも気づいていた。大好きな音楽や文学、彼女を取り巻く環境の中で常に色々なことに思いを巡らせ、興味を持ち、それを実行に移すことでロクサンヌは精神のバランスを保つ術を学んでいった。将来のヴィジョンを思い描いていく中で特に彼女の心を突き動かしたのは音楽ではなく、風景や人物の瞬間を切り取る写真だった。

　写真を学ぶために、大好きな姉の元を離れて彼女はグラスゴーのアートスクールに入学する。そこで出会ったのは彼女と同じくらいシャイでどこか陰のあるパトリック・ドイルだった。グラスゴーに移り住んでから、地元のオレンジ・ジュース（Orange Juice）やアズテック・カメラ（Aztec Camera）をはじめとする*Postcardレーベルのアーティストやパステルズ（The Pastels）のようなＤＩＹなバンドに興味を持ち、いつか自分もバンドをやってみたいと思っていたロクサンヌ。彼女は共通の音楽の話ができ、なおかつドラムを叩けるパトリックに運命的なものを感じた。同性愛者であることをカミングアウトしていたパトリックは女性的な柔らかさのある繊細な性格で、二人はすぐに親友になる。パトリックはクールな彼女が自分

*Postcard：
「サウンド・オブ・ヤング・スコットランド」というスローガンを掲げて1979年、スコットランドで立ち上げられたインディー・レーベル。C81やC86などポスト・パンク、ネオアコースティックのバンド達に影響を与えたオレンジ・ジュースやジョセフKが所属した。

だけに見せてくれるおどけた表情に、マイノリティである心の傷が少しずつ癒されていくのを感じていた。

ロクサンヌは写真を学ぶ傍ら、パステルズのスティーブンが運営するレコード屋「Mono」で開催されるライブにパトリックと二人で足繁く通ううちに音楽友達のグループの輪を広げていった。そこで出会った友人達とホワイト・ナイト（White Knight）というバンドを結成する。ロクサンヌにとって初めてのバンド活動は新鮮な体験だった。憧れのオレンジ・ジュースやジョセフK（Josef K）を新しい解釈で表現したような、変拍子で不思議なポップ・サウンドを実験的に作ることに楽しさを見いだしていく。

そのバンドはあっけなく解散してしまうが、その後もロクサンヌはパトリックや友人と共に*ロイヤル・ウィー（Royal We）、*セクシー・キッズ（Sexy Kids）としてコンスタントに活動した。モダン・アートのような奇想天外でポップなメロディーを作るロクサンヌのセンスはコアなファンを生み出していく。ロクサンヌが関わったバンドはどれも、流れ星のように一瞬だけキラリと光って遠く彼方へ消えてしまうような短命なバンドばかりだったが、パトリックはそんな彼女の飽きっぽい性格に対して苦言を呈するわけでもなく、ただ彼女の新しいアイデアを形にするためにドラムを叩き、陰で支え続けた。

＊ロイヤル・ウィー
(Royal We)：
グラスゴーの地元音楽への憧れを抱きながらロサンゼルスよりやってきたジハエ・シモンズが中心となり6人で結成されたポップ・バンド。地元の1990sがジョセフKを、ロイヤル・ウィーがオレンジ・ジュースをカバーしたシングルでも注目を浴びた。

＊セクシー・キッズ
(Sexy Kids)：
ロクサンヌの発案によりお遊びでスタートしたジャム・バンド。Slumberlandから一枚シングルを残し解散する。

大学卒業後、ロクサンヌは愛着のあるグラスゴーを離れ、ロンドンへと移り住もうと考えていることをパトリックに伝えた。グラスゴー出身のパトリックにとっては故郷を離れるのが寂しく、特に仕事のあてもなく不安定な状態だったが、ロクサンヌに付いて行くことに決めた。

いざロンドンへと移ると、グラスゴーにはなかったシーンがそこには存在した。イスリントン駅にある*バッファロー・バーで開催されていた*トゥイー・アズ・ファック（Twee As Fuck）は往年のインディーポップ・ファンだけでなく、イーストのヒップスター達もダンス・フロアで踊るユニークなパーティーだった。主催のパヴラは*コメット・ゲイン（Comet Gain）の熱烈なファンで、彼らをトゥイー・アズ・ファックにブッキングする。ロクサンヌ、パトリックもコメット・ゲイン見たさに彼女が主催するパーティーやライブに足を運ぶようになる。その会場でロクサンヌは友人を介して後にヴェロニカ・フォールズのメンバーとなるジェームス・ホアレに出会った。ボサボサの髪にサイケデリックなシャツを合わせた彼は*ドノヴァン（Donovan）を思わせる時代錯誤な見た目で、口数も少なく、ロクサンヌの目には奇妙に映った。その時は二、三言葉を交わし、連絡先を交換して別れたが、メールを介してお互いの好きな音楽の話を交わしていくうちに、ヴェルヴェット・アンダーグラウンド（Velvet Underground）や*ロッキー・エリクソン（Rocky Erickson）など、

*ドノヴァン(Donovan)：
14歳でギターを始め、20歳になるとイギリスのフォーク界にデビュー。成功をおさめる。"サンシャイン・スーパーマン"、"メロー・イエロー"などの代表曲がある。天然パーマのモジャモジャのヘアースタイルとサイケデリックな柄シャツが特徴的だった。

*コメット・ゲイン(Comet Gain)：
ポストパンクやノーザンソウルから影響をうけたデイヴィット・フェックが中心となり1992年に結成。20年以上に渡りマイペースに活動を続けインディー界の重鎮に。

*トゥイー・アズ・ファック(Twee As Fuck)：
カメラマンのパヴラがスタートしたクラブイベント＆ファンジン。ノーザンソウル、インディーポップがかかるフロアには往年のインディーポップ・ファンだけでなく、当時20代だったパヴラと同年代のハイセンスな若者たちが集まっていた。

*バッファロー・バー(Baffalo Bar)：
ロンドン、イスリントン駅からすぐのパブ＆クラブ。ジャンルを問わず、多くのイベントが開催されている。

他人とはなかなか共有できなかった音楽の趣味を分かち合えることが判明し、意気投合する。

ジェームスは以前*ユア・トウエンティーズ（Your Twenties）というバンドで活動していたが、バンドは自然消滅してしまう。これを機に、ジェームスは新しいバンドを始めようとしていたところ、ロクサンヌの名前が浮かんだ。ジェームスはロクサンヌにバンドの話を持ちかけ、彼女はすぐにパトリックをドラムとして誘った。ヴェロニカ・フォールズというバンド名はロクサンヌがずっと温めてきた名前だった。ヴェロニカはロクサンヌの想像上少女で、ガール・ギャングのリーダーという設定だった。彼女が墜落（フォール）する悲劇を意味する名前こそ、新しいバンドにふさわしいとロクサンヌは考え、他のメンバーもそれに同意する。

ヴォーカル、ギター、ドラムが揃い、後はベーシストがいれば完璧だった。ロクサンヌは技術面よりもその人の音楽センスや人柄を重視し、友人に当たってみた。そこで彼女はフランス出身のマリオンに出会う。彼女の持つ独特で物憂げな佇まいが決め手となり、ロクサンヌはマリオンをバンドに引き入れた。しかし、実際彼女はまったくベースに触れたこともなく、文字通りの初心者だったので、一から弾き方を勉強しなければいけなかった。マリオンがヴェロニカ・フォールズに加入する前は*レッツ・レッスル（Let's Wrestle）のウェスがサポートとしてベー

*レッツ・レッスル（Let's Wrestle）：
デビュー当時メンバーの4人は若干17歳だった。ジョナサン・リッチマンを想起させるアナーキーなポップ・サウンド。

*ユア・トウェンティーズ（Your Twenties）：
人気バンドとなったメトロノミー（Metronomy）のガブリエル・ステビングがフロントをつとめたインディーロック・バンド。"コウト・ウィール"などハーモニーが美しい楽曲を生み出したが、アルバム一枚で活動を休止した。

*ロッキー・エリクソン（Rocky Erickson）：
オースティン出身のサイケデリック・バンド13thフロア・エレベーターズ（The 13th Floor Elevators）のギター、ヴォーカル。バンド所属中にマリファナ所持容疑で逮捕された後に精神錯乱のため精神病院へ入院した。退院後にソロ活動をスタートする。

スを弾いていた。次のライブまでにたった二ヶ月しか期間がなかったので、マリオンは慌てて練習に励み、なんとかライブをこなすことができた。ここからヴェロニカ・フォールズは急成長していく。

結成からすぐに、ヴェロニカ・フォールズはロンドンで一番ヒップなバンドとして知名度を上げていく。アメリカのCaptured Tracksからファースト・シングル〝ファウンド・ラブ・イン・ア・グレイヴヤード〟がリリースされると、耳の早いリスナー達から大絶賛され、海を越えてその人気は広がっていった。墓場での愛、イギリスに実在する自殺の名所をテーマにした曲など、ロクサンヌならではのゴシック感にイギリスのメディアからは「暗い、気が滅入る」という声も聞こえてきたが、彼女にはそんな批判は痛くもかゆくもなかった。それは、ロクサンヌが大衆に認められるバンドなんてつまらない、ごく少数の人に熱狂的に崇拝される存在でありたいと願い続けていたからである。

彼女が生涯で一番の映画に挙げている「*グレイ・ガーデン」もまさに一部の人々からカルト的な人気を集めた作品である。その映画の中で描かれているのはジャクリーン・ケネディの叔母であるビック・エディ。そして、その娘のリトル・エディ。二人が住む「グレイ・ガーデン」はかつて美しい庭付きの立派なお屋敷だった。数十年が経ち、「グレイ・ガーデン」はアライグマさえも棲家にする惨めな

＊「グレイ・ガーデン」：
ビック・イーディーとリトル・イーディー親子の最低で最高の人生は山崎まどかさんの「イノセント・ガールズ」で詳しく読むことができます。

猫屋敷と化す。悪臭で近所から苦情が殺到し、ビック・エディとリトル・エディは市から退去命令が出される事態に。大統領の妻の叔母という貴族的な立場から転落し、生活能力がないため、ゴミ屋敷に住んで現実世界から隔離されていく。そんな中でリトル・エディは独自のセンスで着飾り、プライドを捨てることなく、世間にどう思われようがそのスタイルを貫き通していく。ロクサンヌはそんなリトル・エディの生き方をとても愛おしく思い、共感した。

リトル・エディとロクサンヌ、二人は生きた時代や環境も違うし、ロクサンヌはリトル・エディの悲惨であると同時に優雅な生き様を真似しようとまでは思っていない。それでも、少なくともロクサンヌの作る曲や歌詞には、この矛盾しながらも美しい世界が潜んでいる。ロクサンヌがもし小説家だったとしたら、ヴェロニカにどんな結末を用意するだろうか?たとえそれが悲劇的な結末だったとしても、けっして悲しく思わないで欲しい。なぜなら運命に翻弄された彼女のことを私達は絶対に忘れることがないから。

ヴェロニカ・フォールズが長編作になるか、短編作になるかはロクサンヌにもわからない。音楽を続けるかどうかさえも未知数である。ただ小さい頃から大好きな姉と夢中になって聴いてきた音楽という宝物をこれからも守り続けていくこと、それが彼女の使命で、その運命に翻弄されたいと彼女自身が望んでいる。

Isobel Campbell

Belle and Sebastian

イザベル・キャンベル (Belle And Sebastian)

——カリスマ・バンドのヒロインという檻に閉じ込められて

そっと耳元で囁かれているような、そんな錯覚を引き起こすウィスパー・ヴォイス。

イザベル・キャンベルの歌声は真っ白で柔らかいガーゼのような優しい印象を与えながらも、その歌詞は胸に突き刺さるシニカルな内容だという事実にいつも驚かされる。

アンディー・ウォーホルが寵愛したイットガール、*イーディ・セジウィックを思わせるはっきりとした美しい顔立ちでありながら、時にとても幼く見えるのはその不安気な眼差しのせいだろうか。

彼女はスミス（The Smiths）と並んで青春のイメージを持つバンドとして多くの人々に支持されているベル・アンド・セバスチャン（Belle And Sebastian・以下ベルセバ）のオリジナル・メンバーとして知られている。ベルセバのフロントマンであるスチュアート・マードックはバンド名、曲名を小説から引用する文学オタクぶりで文化系の少年少女（そして大人になりきれない人達）の心を惹き付けてやまない。ストリ

*イーディ・セジウィック (Edie Sedgwick)：
アンディー・ウォーホルのミューズとなった令嬢。ボブ・ディランと交際し、曲を捧げられている。28歳という若さでドラッグの過剰摂取により命をおとす。

ングスやオルガンを担当するメンバーなどグラスゴーのミュージシャン達が多数在籍するベルセバの中で、スチュアートとイザベルはとりわけ象徴的な存在だった。彼らのファンはベルとセバスチャンというバンド名に特別な意味を持たせるためにセバスチャンをスチュアート、イザベルをベルに置き換え、二人の恋物語を空想した。ベルとイザベル、偶然にも名前が重なる。これはただの偶然かもしれないが、イザベルは彼女の意志とは無関係にベルセバのヒロインに仕立てられていく。

一九七六年四月二六日にグラスゴーで生まれたイザベル・キャンベル。彼女が歌う楽しさを知ったのはわずか六歳の時だった。小学校の音楽の授業で先生がピアノの鍵盤を叩き、その周りを子ども達が囲んで歌う。上手くても下手でも関係ない。のびのびと歌えるそんな環境の中で、気がつけば歌うことが大好きになっていた。友達と手を取り合い、ミュージカル「サウンド・オブ・ミュージック」や「オクラホマ」の真似をして歌ってみたり、*トップ・オブ・ザ・ポップスにポリス（The Police）やブロンディ（Blondie）が出演している時にはテレビに齧り付き、スティングやデボラ・ハリーが歌う姿を見て憧れを募らせていった。

十一歳の頃、学校の出し物で「*ダウンタウン物語」をやることが決まる。イザベルは周りからの推薦で、ステージの上でダンスを披露することになったが、

*「ダウンタウン物語」（Bugsy Malone）：30年代、禁酒法下のニューヨークが舞台。ギャング同士の抗争を描いたイギリス映画。主演はジョディー・フォスター。

*トップ・オブ・ザ・ポップス（Top Of The Pops）：64年にスタートしたBBCの音楽生放送番組。日本で言うミュージックステーション。ミュージシャンは基本口パクでパフォーマンスする。

その経験から歌うのは大好きでもダンスはけっして得意ではないことを自覚する。そんな彼女が歌以外で才能を発揮したのはチェロとピアノの二つだった。ビートルズに夢中だったイザベルは彼らの楽曲の中にオーケストラの要素を見いだすことに楽しさを発見し、楽器を演奏することにのめり込んでいく。そしていつしか歌うことよりもチェロを弾くことのほうが自分に向いていると思うようになる。

彼女の日常は音楽で満ち溢れてはいたが、それでもバンドに入りたいという願望を抱くことなく思春期を終えた。そんなイザベルに転機が訪れる。

ボーイフレンドが専門学校の課題でレコードを制作することになり、そのバンドにチェロとして参加してくれないかと誘いを受けたのだった。彼氏のお願いに二つ返事で答え、彼女は思いがけずバンドに参加することになる。初めての体験に彼女は戸惑いながらも、彼氏のスチュアート・マードックが作詞作曲を手掛ける曲の素晴らしさに夢中になっていった。人見知りなイザベルもバンド・メンバーの温かさのおかげで馴染むことができた。

気がつけば、バンド活動がイザベルの世界の中心となっていた。レコーディングは無事に終了し、課題作品「タイガー・ミルク」が千枚限定でプレスされた。アルバムの内容は内省的でありながらも、六〇年代のポップスを思わせるメロディー、ストリングスの旋律の美しさが奇跡的なバランスで混在している。センセーショナルな歌詞やタイトル（タイガー・ミルクとは精液の隠語である。）も合わさり、発表から約二十年経った今でも傑作として語り継がれている。

この作品がリリースされた当時、インターネットはまだ限られた人達だけのツールで、調べたい言葉を打ち込んで検索すれば情報を得られる現代のように便利な時代ではなかった。雑誌やテレビなどのメディアに出ることを好まなかったベルセバは謎に包まれた存在だった。課題作品のために作られた自主レーベルElectric Honeyからリリースされたレコードは、後にジープスターから再プレスされるまで日本でもレアなレコードとしてレコード屋の壁に飾られ、数万円という高値で取引されていた。インディーズ好きの間では*ジャケットに写る女の子は一体誰なのか?どこに行けばこのレコードは手に入るのか?とたくさんの憶測が飛び交い、バンドは神格化されていく。

たった一枚のレコードで彼らはインディー・バンドのアイコンになり、その中でスチュアートとイザベルはインディー界の憧れのカップルとして*メロディー・メーカーなどの雑誌にも取り上げられる存在となる。シングルとしてリリースされた〝センチュリー・オブ・フェイカーズ〟ではビデオも制作し、その中でイザベルは天使の羽を付けてカフェのショーウィンドウに佇む。そのイノセントな佇まいはファンの期待を裏切らないものだった。イザベルはベルセバのヒロインと

*メロディー・メーカー(Melody Maker)：NME(New Music Express)と並び、ライブレビューやミュージシャンのゴシップニュースなどを掲載した雑誌。1926年にスタートし、2000年に廃刊となった。

*ジャケットに写る女の子：スチュアートの友人であるジョアンヌ・ケニー。"ドッグ・オン・ウィール"のジャケットのモデルにもなっている。

しての印象を強める一方、そのアイコンとしてのプレッシャーを抱えることになる。

ベルセバの歌姫としてのイメージが強いイザベル。しかし実のところは、彼女がメインで歌ったのは九七年に発表された三枚目のアルバム「ボーイ・ウィズ・ザ・アラブ・ストラップ」に収録された〝イズ・イット・ウィックド・ノット・トゥ・ケア？〟が初めてだった。コーラスとしてはすでに可憐な歌声を披露していたが、デビューから長いことメインで歌う機会はなかった。正確にはその機会は与えられていたけれども、彼女は歌うことにまったく乗り気でなかったのだ。たとえ大好きな彼氏が褒めてくれても、内省的で線の細い自分の歌声に自信を持てるようになるまでには時間が必要だった。それでも、スチュアートはイザベルの儚くも人を虜にする不思議なエネルギーを持った歌声に未知の可能性を感じていた。

メジャー・レーベルが牛耳ってイギリスの音楽業界において、インディー・バンドのベルセバが*ブリット・アワーズを受賞するのは異例の快挙だった。ベルセバとしてコンスタントにアルバムをリリースし、ツアーで世界中を巡り、活動は順調のように思えた。しかしイザベルにはわずかな不満が生じてくる。

ベルセバの中で、彼女はチェロの奏者、時には歌い手でありながら、作詞作曲をするようになる。次第にイザベルには自我が芽生え、ベルセバ内での活動では

*ブリット・アワーズ（Brit Awards）：英国レコード産業協会によって催される音楽の祭典式。新人賞にノミネートされていたものの、受賞するとは思ってもみなかったため、ベルセバのメンバーはほとんどが会場には出向かず、家でテレビ中継を見て受賞を知ることになった。

その表現したい欲求を満たすことができなくなってきた。バンドと、表現者としての自分との間でバランスを取るために九九年にジェントル・ウェイヴス（The Gentle Waves）というソロ・プロジェクトをスタートする。そのバック・バンドをつとめるのはスチュアート、スティビー、リチャードなどベルセバのメンバーが中心だった。そこにビル・ウェルズなどグラスゴーの音楽仲間達が参加することでベルセバとの差別化が実現した。彼女が愛した六〇年代のガールズ・ポップを下敷きに、繊細で時に切ない数々の名曲を生み出していく。その作品の中には黒猫を抱いたイザベルの写真がジャケットに使われた「スワンソング・フォー・ユー」がある。穏やかで優しさに溢れたイザベルの表情を写真に収めたのも彼女が愛したスチュアートだった。ベルセバとジェントル・ウェイヴスを両立しながらイザベルはスチュアートとの関係性を保っていく。

しかしその関係にも終わりがやってくる。ベルセバがブレイクすることでバンドのイメージはどんどん一人歩きしていき、デビュー当時のアットホームな雰囲気は少しずつ失われていった。

メジャー・レーベルや業界人がベルセバに介入してくることでイザベルはバンド内での自分の居場所を見失っていく。グラスゴーの小さなコミュニティの中で音楽活動を続けてきた彼女にとって、プロモーションのための長いツアーや、メディアへの露出など慣れないことばかりで、気苦労が増えていく。スチュアートとの関係はバンドの知名度と反比例し、冷めていった。二〇〇二年、奇才*トッド・ソロンズの映画「ストーリー・テリング」のサウンドトラック制作中、そして北米ツアーの真っ只中でイザベルの限界がやってきた。「これ以上バンドに熱意を持って参加することができない。」とスチュアートに伝え、ツアーの半ばでイザベルはドロップアウトする。今までは愛するスチュアートのためだと自分自身に言い聞かせて続けてこれたが、彼への気持ちがなくなった今、その状況を耐える意味はなかった。イザベルはステージに立つにはあまりにシャイな性格で、仕事だと割り切って音楽をやるにはあまりにも純粋すぎた。協調性を重んじるバンド活動は、彼女には小さな鳥かごのように窮屈だった。ベルセバ在籍最後に作詞作曲を手がけた〝ファミリー・トゥリー〟で使われた「檻」という言葉も彼女の潜在的な気持ちから導かれたものだった。

ジェントル・ウェイヴスという名前を捨てイザベル・キャンベル名義で活動を始めることで、彼女は気持ちを一新しようと試みる。そこからソロ・アーティストとしての挑戦が始まった。アルバムを制作しながらも期待より不安が上回る日々。そんな彼女を救うのはある男性との出会いだった。

*クイーンズ・オブ・ザ・ストーン・エイジ（Queens Of The Stone Age）のマーク・ラ

*トッド・ソロンズ(Todd Solondz)：「ウェルカム・ドールハウス」でサンダンス映画祭のグランプリを受賞した奇才。家庭内差別や小児正犯罪者、宗教などをブラックユーモアたっぷりに描き、作品を発表する度に物議を醸す。

*クイーンズ・オブ・ザ・ストーン・エイジ(Queens Of The Stone Age)：ハードロック畑で実力をつけたジョシュ・オムを中心に結成。元ニルヴァーナのドラマー、デイヴ・グロールも一時メンバーだったことで知られる。マーク・ラネガンもセカンド、サードアルバムに参加。

ネガンはまったく違うフィールドで活動するミュージシャンでありながら、偶然彼女の音楽に出会った。彼はイザベルの才能に惚れ込み、自ら彼女にコンタクトを取る。ぜひ自分とユニットを組んで欲しい。マークはイザベルに頼み込んだ。彼女とはまったく釣り合わなそうな豪快な男性からのオファーに戸惑いながらも、イザベルは前進するためにもその誘いを受けた。

いざマークとスタジオに入ってみると、不安になるどころか自然体でいられることにイザベルは驚いた。新しい挑戦は檻に囚われた彼女の心を解き放つきっかけを与えてくれた。グラスゴーとロサンゼルスを行き来し、共同作業で楽曲を録音していくうちに、自然と二人の心も結ばれていく。その愛の結晶として〇六年に「バラッド・オブ・ザ・ブロークン・シーズ」が生まれた。予想以上の反響を得たこの作品はイギリスの音楽賞の最高権威とも言えるマーキュリー賞を受賞。周囲の環境も評価もがらりと変わったことでイザベルの心境にも変化が訪れた。彼女はやっと「ベルセバのイザベル」から脱却し、イザベル・キャンベルとして歌うことが許されたような気持ちになれたのだった。

「美女と野獣」と囃し立てられながらもマークを見つめる彼女の顔には聖女マリアのような微笑みが浮かんでいる。その微笑みはベルセバ時代には見たことがないほどに穏やかで、幸せがにじみ出ている。

Eddie Reader

Fairground Attraction

エディ・リーダー(Fairground Attraction)

――エヴァー・レディーと呼ばれた完璧を求めた女性歌手

「くだらない遊びに付き合ってる場合じゃないの、だって人生は短いんだから。」
エディ・リーダーはこう歌う。

成功を収めながらアルバム一枚で消えてしまったフェアーグラウンド・アトラクション(Fairground Attraction)。バンドとして唯一のアルバムとなった「ファースト・オブ・ア・ミリオン・キッシーズ」には、どんなに時代が変わろうともその煌めきを失わないパーフェクトなエディの歌声が詰まっている。

エディ・リーダーことサデニア・リーダーは一九五九年の八月二九日にグラスゴーで誕生した。

七人兄弟という大家族の長女だったエディ。妹や弟の面倒を見ながら、空想好きのやせっぽちな少女は忙しく子育てをする母親が家事の最中に口ずさむエルヴィス・プレスリーの歌が何よりも大好きだった。父親ディニーは出稼ぎでなかなか家にいなかったが、彼もまたエルヴィスの大ファンで、仕事場ではエルヴィスというあだ名で呼ばれていた。そんな両親の影響でエディにとって音楽は身近な存在になっていった。

エディが初めてギターを手にしたのは十歳の時。久しぶりに帰ってきた父と二人で蚤の市に出掛けた彼女はアコースティック・ギターを発見し、どうしてもそのギターが欲しいと父におねだりした。あまり裕福な家ではなかったけれど、父はクリスマスプレゼントならばと奮発してくれた。

祖父のピアノを独学で弾いて遊んでいたエディ。彼女はさっそく父がプレゼントしてくれたギターを手にして、大好きなボブ・ディランの曲を見よう見まねで弾いてみた。曲の作り方なんてまったく知らなかったが、いたずらにギターを爪弾きながらエディは無意識にメロディーを編み出していった。

一家はグラスゴーから同じスコットランドのエアーシア地方にあるアーバインという街に引っ越しをすることになった。しかしエディは学校での教育課程を修了するために祖父母と共にグラスゴーに残る。家族と離れての生活は時にエディを寂しい気持ちにさせたが、ギターを弾いているとその寂しさもまぎれていった。

エディという名前はその時期につけられたあだ名で、後の音楽活動でもこの名前を使い続けるほど本人もその軽妙な響きを気に入った。学校ではムードメーカーで人気者だった。

家で独りギターを弾くだけでは飽き足らなくなったエディ。週末になると、祖

＊ロバート・ジョンソン(Robert Johnson)：アフリカ系アメリカ人のブルース歌手。巧みなギターテクを持ちながら27歳という若さで死去。

＊バスキング：大道芸や演奏などで最後に帽子などを差し出して、客から投げ銭を集めること。

母の目を盗んではグラスゴーのメイン通りで*バスキングと呼ばれる大道芸の楽団に参加した。気がつけば彼女は各地を旅しながら演奏したいという夢を抱くようになっていた。家族や周りの友人からは危険だと反対されながらも、彼女はその夢を実現させてしまう。ヨーロッパを放浪しながら*ロバート・ジョンソンや*ジョニ・ミッチェルのカバーを弾き語り、観客を楽しませる技量も旅の合間に身に付けていった。

そしてバスキングの旅から戻ったエディに思いがけない仕事が舞い込んでくる。それは同郷グラスゴー出身の*ギャング・オブ・フォー（Gang Of Four）のレコーディングでの、コーラスとしての仕事だった。そのレコーディングがきっかけで、彼らのアメリカ・ツアーにもサポートメンバーとして抜擢され、エディは彼らと一緒にアメリカ中を周った。初めて渡ったアメリカ、そこでエディは彼女のために最高の曲を書いてくれる男性に出会う。

アメリカから戻った彼女にはセッション・ミュージシャンとしの仕事が待ち受けていた。*ユーリズミックス（Eurythmics）や*アリソン・モイエなど一流ミュージシャンのレコーディングに参加し、その実力から「エヴァー・レディー（常に準備オッケー）」というあだ名をつけられ、業界からの信頼も絶大だった。セッション・ミュージシャンとしての仕事を評価され、嬉しいと思う一方で、彼女は自分のバンドを

*ジョニ・ミッチェル（Joni Mitchell）：カナダ出身、女性シンガー・ソングライター。コードに縛られない独自のギター・ワーク、メロディーで多くのミュージシャンに影響を与える。画家としても素晴らしい作品を多数残している。

*ギャング・オブ・フォー（Gang Of Four）：リーズ出身のポストパンク・バンド。ステージの上でテレビを叩き壊す過激なパフォーマンスでも有名。デビュー・アルバム「エンターテイメント！」は歴史的名盤として評価が高い。

*ユーリズミックス（Eurythmics）：アニー・レノックスとデイヴ・スチュアートによって結成。クールなエレクトリック・サウンドで人気を集め、1986年に発表したアルバム「Revenge」は全世界で1500万枚以上を売り上げた。

*アリソン・モイエ（Alison Moyet）：シンセポップ・バンド、ヤズー（Yazoo）でのマニッシュなヴォーカルで人気を博す。ソロ・シンガーとして現役で活躍している。

やりたいと強く願うようになる。

エディはアメリカのツアーで偶然出会ったジェーン・エア・アンド・ザ・ベルヴェデレス（Jane Aire & The Belvederes）のマーク・ネヴィンの才能に恋をした。ぜひ自分のために曲を書いて欲しい、そう手紙に綴っては何度も彼にラブコールを送った。最初は乗り気でなかったマークもそのエディの熱意に折れ、二人はまず手始めに*Compact Organizationのコンピレーション用に二曲録音することにした。マークが書いた曲はエディのために生まれてきたような曲ばかりで、二人の息はぴったりと合い、お互いに才能を認め合うベスト・パートナーになっていった。

二人はこの活動をちゃんとした形にするために、メンバーにエディの友人サイモン・エドワーズ、ロイ・ドッズを迎えフェアーグラウンド・アトラクションとして活動をスタートする。バンド結成後、すべてはスムーズに進行していった。無名バンドにも関わらず、曲を気に入ってくれた大手メジャー・レーベルのRCAとの契約を勝ち取った。とんとん拍子にレコーディングも進み、アルバム「ファースト・オブ・ア・ミリオン・キッシーズ」は八八年の五月にリリースされた。

新人バンドとしては異例のセールスを記録し、エディの歌はイギリス国民を魅了した。アルバムに収録された楽曲の作曲のほとんどをマークが手がけた。失恋を重ね、彼女もずっといなかったマークのセンチメンタルな恋愛が作品に投影さ

*Compact Organization：奇才トット・テイラー（とその兄）によって創設されたレーベル。マリ・ウィルソンやヴァーナ・リントなどを輩出したレトロでポップな作風のレーベル。

れ、多くの共感を呼んだ。エディはマークが作った歌の中で理想の恋人を歌い手として完璧に演じた。*エリオット・アーウィットが五五年に撮影したモノクロの写真を大胆にデザインに落とし込んだジャケットは、この作品をとびきりロマンチックなものへと仕上げた。シングルとしてリリースされた〝パーフェクト〟は辛辣で切ない歌詞なのに、そこには不思議と幸せな空気が満ち溢れ、全英で一位を獲得する快挙を遂げた。そのミュージックビデオの中で、船で川下りをしながら楽しそうにステップを踏み、歌うエディは誰よりも光り輝き、サポート・ミュージシャンのエディ・リーダーからフェアーグラウンド・アトラクションのフロント・ウーマンとして認められるようになっていった。エディが愛したフォークやケイジャンなど、様々な音楽性をちりばめた口ずさみたくなるメロディーは人々の心を掴んだ。アルバムのヒットに恵まれ、一躍時のバンドとなったフェアーグラウンド・アトラクションだったが、メンバー間ではその幸せとは真逆の不穏な空気が漂っていた。

アルバムはブリット・アワードのベスト・アルバム賞を受賞し、批評家からも高く評価され、彼らはメディアに出る機会がさらに増えていった。あるテレビ番組で〝パーフェクト〟を演奏することになったフェアーグラウンド・アトラクション。実はカメラに向かって歌うエディのお腹の中には初めての赤ちゃんが宿って

*エリオット・アーウィット(Elliot Erwitt)：
ロシア人の両親を持ち、パリで育つ。ロバート・キャパにその才能を見いだされ、マグナム・フォトのメンバーに。モノクロの写真で人気を博し、「ファースト・オブ・ミリオン・キッシーズ」のジャケットに使われた「カリフォルニア・キス」は1955年の作品。

いた。お腹の子の父親はアルジェリアとフランスの国籍を持つミロウという男性で、エディは正式に籍を入れず、私生児として産んだ。彼女の私生活はがらりと変わり、作曲をするマークはその環境の変化に耐えられなかった。彼は何でも自分で指揮をとらなければ納得できないコントロール・フリークな性格で、その傾向はより著しくなり、エディを強く束縛するようになっていった。セカンド・アルバムのレコーディング中にエディはマークの縛りつけに耐えきれなくなってしまった。実質二人のバンドとして機能していたフェアーグラウンド・アトラクションは空中分解する。エディとマークはまったく縁を切ったわけではなかったものの、かつて完璧なパートナー同士だった二人は別々の道へと進むことになる。

バンドは解散してしまったが、エディの音楽への情熱が尽きることはなかった。彼女はソロ・シンガーとして、自分で曲を書くようになる。今まではマークに頼っていたところをすべて自分でやらなければならないので苦労も多かったが、着実に階段を上っていた。自分の名前を冠した二枚目のソロアルバムは彼女の音楽性が色濃く出た名作として高く評価されている。

現在に至るまでコンスタントに作品を発表し、精力的にライブをおこない、世界中を飛び回りながらミュージシャンとして成熟したエディ。私生活では弟のフランシスが在籍した*トラッシュ・キャン・シナトラズ（The Trash Can Sinatras）のメン

*トラッシュ・キャン・シナトラズ(The Trash Can Sinatras)：
エディー・リーダーの弟フランシスが在籍するネオアコースティック・バンド。日本では「トラキャン」の名で親しまれている。90年リリースの“オブスキュリティ・ノックス”はエバーグリーンな名曲。

バーでギタリストのジョン・ダグラスと二〇一三年に結婚した。しかし結婚以前からジョンは免疫不全の病気を発症していたために、エディは愛する夫を献身的に支えなければならなかった。大がかりな手術を経て、長い闘病生活が続いた。エディは常に看病できるように家の地下にレコーディングできる設備を整え、子どもと夫の面倒を見ながらアルバムを制作できるように環境を整えていった。また、叔父ジェームスのスコットランドにまつわる*政治運動についても寄稿し、彼女なりのやり方で叔父を支援しつづけた。ミュージシャンとしてだけでなく、エディは家族を大切にすることを忘れなかった。

「喋るよりも歌う方が自分の感情を上手く表現できるの。」

そう語るエディの心の中には、あのやせっぽちで音楽が大好きな赤毛の女の子が存在している。

「多くの人は妥協をするけど、私は完璧じゃなきゃ駄目なの」その歌詞はまさにエディの生き方だった。彼女は母親として、妻として、そしてミュージシャンとしてパーフェクトを求め続けた。生活のために音楽を妥協せず、自分の人生の結晶として音楽を作り続ける。人生を精一杯に生きる彼女は、眩しいほどに光り輝き続ける。

＊政治運動：
スコットランドの英国からの独立を推進する運動。ステージ上でもエディはゲール語で「Bu Choir（独立すべきだ）」と書かれたバッジを胸に着けている。

Zooey Deschanel

She & Him

ゾーイ・デシャネル (She & Him)

――女優と歌手の二役を完璧にこなす憧れのマドンナ

誰よりも愛らしくKate Spadeを着こなし、ドラマの中では顔の半分を覆うほどの大ぶりなメガネをし、ギークな女子を演じきる。

彼女は普通のハリウッド女優とは一味違う。だから皆はゾーイ・デシャネルが気になって仕方がない。そんな彼女には女優とミュージシャンの二つの顔がある。アイドルのようにお膳立てされた曲を歌うのではなく、ゾーイは自分で作曲し、歌う。サリンジャーの小説「フラニーとゾーイ」から名付けられた彼女の運命は、小説のように平凡とはほど遠いものになった。

本名*ゾーイ・クレア・デシャネルはアカデミー賞に五度もノミネート経験のある映像カメラマン、カレブ・デシャネルとカルト的人気を誇るドラマ「*ツイン・ピークス」でエイリーン役を演じた女優メアリー・ジョー・ウィアーとの間に次女として生まれる。両親の仕事の関係でハリウッドで生まれ育ったゾーイはケイト・ハドソンやグウィネス・パルトローといった未来の大女優と同じ学校に通った。整った顔立ちの姉*エミリーに比べると個性的な顔立ちで、オードリー・ヘッ

*エミリー
(Emily Deschanel)：
ゾーイの姉であり女優。テレビドラマ「ボーンズ」に主演し、一躍人気女優に。

*「ツイン・ピークス」：
デヴィット・リンチが手掛けたサスペンス・ドラマ。90年から91年にかけて放送されていたが、現在でもカルト的人気がある。ゾーイの母は殺害されたローラ・パーマーの幼馴染みであるドナの母アイリーン・ヘイワードを演じている。

*ゾーイ・クレア・デシャネル
(Zooey Claire Deschanel)：
ズーイと表記されることもあるが、「フラニーとゾーイ」にならってここではゾーイと表記。

プバーンがファニー・フェイスと呼ばれたように、美しいというよりも可愛いという形容詞がお似合いだった。母親と同じように女優になることにエミリーとゾーイは何一つ疑問を感じることはなかった。姉妹は夢を実現するために演技を学び続ける。

ゾーイはまず演技の基礎作りのために舞台でキャリアを積むことにした。コケティッシュな魅力をステージの上で振りまくゾーイはコメディーでその才能を発揮する。名前がクレジットされた初めての作品は九八年のアメリカのNBCのドラマ「ヴァイオレットズ・クローゼット」。このコメディータッチのドラマは彼女の性格にばっちりはまった。テレビドラマに出演を果たし、ゾーイの次なる目標は映画となった。子鹿のようなくりっとした目を輝かせるゾーイはたとえ脇役であっても、強く印象に残る。主人公の姉を演じた「あの頃ペニーレインと」でゾーイは注目を浴び、インディーズ系の映画に引っ張りだことなる。セクシーで大人の魅力を持ったハリウッド女優達の中で、ゾーイは珍しい〝ガーリー〟な女優として独自のスタイルを確立していった。

ゾーイの人気を決定づけたのは映画「(500)日のサマー」のヒロイン、サマー役だった。冒頭のプロローグで、ゾーイ演じるサマーは高校の卒業アルバムの文章にベル・アンド・セバスチャン(Belle And Sebastian)の〝ザ・ボーイ・ウィズ・アラブ・ストラップ〃の一節を引用する。文系の男子ならば食い付かずにはいられない女の子。ゾーイはそれを完璧に演じる。特に主人公のトムとサマーが初めて出会う場面はこの映画の象徴になっている。

スミス（The Smiths）の〃ゼア・イズ・ア・ライト・ザット・ネヴァー・ゴーズ・アウト〃をエレベーターのなかで聴いていた主人公のトム。イヤホンから漏れてきた音にサマーは「私もスミスが大好きなの。」とトムに喋りかける。他愛もない、一瞬の出会いだが、スミスを出会いのきっかけにしているところが観客の心をくすぐる。さらに、カラオケの場面でサマーはナンシー・シナトラの〃シュガータウンは恋の町〃を歌う。最新のヒット・ソングではなく、オールディーズ好きなところでもポイントを稼ぎ、それに追い打ちをかけるように好きなビートルズのメンバーはリンゴ・スターだと発言する。休日のレコード・ショッピング、そこでもサマーはリンゴ・スターの「ストップ・アンド・スメル・ザ・ローゼズ」を見つけてトムにアピールする。音楽好きの男子にとってこれ以上にない理想のガールフレンドが映画の中で描かれている。映画の中では*ウィンプスターのトムとサマーの関係はけっして上手くはいかない。トムではなくても、こんな女の子が周りにいたら夢中になりすぎて現実が見えなくなりそうである。*ＣＭＪや*ピッチフォーク好きの文化系男子が理想とするガールフレンド像をゾーイはこ

*ピッチフォーク：
1995年、当時高校生だったライアン・シュライバーによってミネアポリスで設立された。現在は世界でもっとも影響力のある音楽メディアと言われるまでに成長した。

*CMJ：
アメリカの大学ラジオ局のオンエアによって決定されるチャート、カレッジ・ミュージック・ジャーナルの略。現在はチャートだけでなく、ウェブメディアやフェスティバルなど多角的に運営されている。

*ウィンプスター
(Whimpster)：
泣き虫とヒップスターをひっかけた造語。

の映画で見事に演じきり、そのイメージが定着してしまった。そのゾーイ＝サマーという図式が生まれた理由にはゾーイのミュージシャンとしての一面が大きく関わっている。

「演じること、歌うこと、どちらもやりたいって欲張りに考えていた時期があるけれど、その時は誰かと音楽を共有するのは難しいと思っていて。だから独りで部屋にこもって曲を山ほど作ったの。いつか形にできたらいいなって漠然と考えていたわ。」

ゾーイはピアノに向かって曲を書くことでストレスを発散するようになる。しかし、女優として毎日忙しく時間だけが過ぎていき、なかなかそれを完成させられずにいた。シー（彼女）にはパートナーのヒム（彼）が必要だった。そのキューピット役となったのは「ザ・ゴー・ゲッター」の監督マーティン・ハイネスだった。彼は同じオレゴン出身のシンガーソングライター、*M・ウォード（マシュー・スティーブン・ウォード）をゾーイに紹介し、映画のサントラのために急遽コラボレーションすることになる。

M・ウォードの提案でリチャード・アンド・リンダ・トンプソン（Richard & Linda Thompson）の〝ホエン・アイ・ゲット・トゥ・ザ・ボーダー〟をカバーすることに決まった。M・ウォードは彼女と出会う以前から、映画「エルフ〜サンタの国か

*M・ウォード（Mat Ward）：1973年生まれのシンガーソングライターであるマット・ウォード。アメリカのルーツミュージックを継承する作風が人気。

らやってきた〜」でゾーイがカバーした〝ベイビー・イッツ・コールド・アウトサイド〟を聴いてその才能に惹かれていた。彼はスタジオに入って、初めてゾーイの歌声を聴いた時のことを「他の誰とも比較できない個性が光っている。この歌声をレコードにしなくちゃって思ったんだ。」と振り返っている。それに対してゾーイも「まるでパズルのピースがはまったみたいに上手くいったの。」とM・ウォードとの共同作業に運命を感じたことを語った。一度きりのコラボレーションではもったいない、そう思った二人はすぐにユニットを結成する。

ゾーイはそのユニットにシー・アンド・ヒム（She & Him）というシンプルな名前を付けた。二人はカリフォルニアとオレゴンの遠距離関係にありながら、曲を作るために、ゾーイがウクレレやピアノに歌声を加えて作ったラフな音源をメールで送り、M・ウォードがアレンジや展開などを考え曲を完成させていく方法を編み出した。曲の骨組みが完成した段階で二人はスタジオに入る。ゾーイはそこで初めて自分の荒削りだったアイデアがM・ウォードの手腕によって何倍にも魅力的な曲になっていることに驚く。M・ウォードは手品師のようにどんどんシー・アンド・ヒムの曲を完成させていく。「インターネットのおかげ」とゾーイが言うように、女優が本業の彼女がこうやって音楽活動を続けられるのは、場所や時間に関係なくメールで瞬時に音源を交換できる文明の利器があるからで、もし何十年も昔であればこのユニットは成り立たなかっただろう。

最初の頃は親しい友人の前であっても自分の曲を演奏することに抵抗があったゾーイも、回を重ねるごとにリラックスして取り組めるようになっていく。ゾーイの生活において曲を作って歌うことは演じるのと同じくらいのウエイトを占めるものになっていった。小難しいことが嫌いで、オーソドックスなものが好き。そんな彼女はシー・アンド・ヒムのアルバムに「ヴォリューム・ワン」「トゥー」「スリー」とシンプルに名付ける。そして彼女が愛したアメリカ黄金期のポップスのような世界観を作り出すことに成功した。

「フィル・スペクターが*クリスマス・アルバムを作ったでしょ。だったら自分達も作らなくちゃ。」そんなゾーイのアイデアをM・ウォードは全力で形にした。シー・アンド・ヒムのイメージ作りに対してゾーイは余念がなかった。二〇一〇年にシングルとしてリリースされた〝イン・ザ・サン〟のミュージックビデオはそんなゾーイの理想を形にしたものだった。それはアメリカ映画の王道である学園ミュージカル風に仕立てられ、その中でゾーイは得意のタップダンスを披露している。M・ウォードのクールな演技、ギタープレイがゾーイのコミカルな雰囲気とは対照的なのが面白い。*MGMの映画で流れる曲のように、見る人を虜にするキラキラと光り輝く夢のような音楽を作りたい。そんなゾーイの強い想いに

＊クリスマス・アルバム：
1963年に発売された「クリスマス・ギフト・フォー・ユー・フロム・フィル・スペクター」。ロネッツ、クリスタルズ、ダーレン・ラブなどがヴォーカルとして参加している。

＊MGMの映画：
メトロ・ゴールドウィン・メイヤー（MGM）は多数のスターを使った豪華なキャスティングでたくさんのミュージカル映画を生み出した。

そっと手を差し伸べてくれるM・ウォード。彼女と彼の相性はばっちりだった。

　ミュージシャン、女優として才能に溢れるゾーイを周りの男性が放っておくわけがなかった。しかし彼女のおめがねにかなう相手はなかなか現れず、ゾーイは運命の人を待つ。そして意外な相手と恋に落ちた。ハリウッドで生まれ育ったサラブレッドの彼女が選んだのは、ハリウッド・スターではなく、アメリカのインディー・バンドのフロントマンだった。*デス・キャブ・フォー・キューティー(Death Cab For Cutie)のベン・ギバートとゾーイの交際は音楽業界、映画業界を巻き込み、ビッグニュースとして取り上げられる。音楽オタクでも可愛くて才能に満ち溢れる女子と結ばれることができる。そんな希望を文化系男子達にもたらし、お洒落で音楽が好きな女子達は、理想のカップルだとゾーイ達を祝福した。二人の交際は順調に進み、一年後には親しい友人と親族を招待し、ベンが拠点とするシアトルで式を挙げ、二人は夫婦になることを誓う。

　結婚当時、ゾーイは「彼は私が知らない音楽を教えてくれるの。」と語り、ベンは「彼女が出ている映画をたくさん見たし、初めて話した時なんて胸がドキドキして大変だったよ。」と周囲にのろけてみせ、おしどり夫婦ぶりをアピールした。

　そんな幸せいっぱいのゾーイに大きな仕事が舞い込んでくる。テレビ・ドラマ「*ニュー・ガール」の主役に抜擢されたのだ。そのコケティッシュなキャラクター

*「ニュー・ガール」(New Girl)：
ゾーイ演じるジェスは同棲していた恋人の浮気現場を目撃し、引っ越しを決意。3人の男性とルームシェアすることになるストーリー。

*デス・キャブ・フォー・キューティー(Death Cab For Cutie)：
ワシントン州のベリングハムで結成された4人組バンド。98年から活動をスタートし、現在ではアメリカのインディー・シーンを代表するバンドとして知られる。アメリカのビルボードチャートでも4位を獲得した代表作「プランズ」はグラミー賞にもノミネートされた。

が視聴者の共感を呼び、高視聴率を記録するヒット作となり、ゾーイは女優として出世する。そして、夫のベンもデス・キャブ・フォー・キューティーとして新しいアルバムをリリース。世界中をツアーで駆け巡る多忙な日々が続いた。すれ違いの日々は二人の関係に少しずつ亀裂を入れることになる。

結婚当初は「お互いツアーや撮影で離れていても、会った時にどんなことがあったか報告し合うの。」と離れている時間さえも愛おしいように語っていたゾーイの気持ちも、そう長くは続かなかった。

そしてもう一つ、ゾーイとベンの間に大きな溝を生んだのは金銭的な価値観の相違だった。ハリウッド女優のゾーイの資産は、その若さで三〇〇万ドルを超えている。Kate Spade や miu miu などのガーリーなファッション・ブランドが大好きなゾーイは忙しい仕事の合間にショッピングをしてストレスを発散するのが日課だ。デス・キャブ・フォー・キューティーも人気バンドではあったが、二人の経済格差は歴然だった。

芸能一家に生まれ、ハリウッド育ちのゾーイはその価値観を変えようとはしなかった。別居の末に二人は四年の結婚生活に終止符を打つ。さらに、その離婚のニュースと同時にゾーイの新恋人のニュースが報道されたことで、ベンの心には深い傷が刻まれた。それでもベンは元妻のことを心の底から憎むことはできない。

離婚後、ゾーイの人気は落ちるどころか、男性を翻弄する罪作りな女性としてさらに魅力を増している。艶のあるブルネットの重たい前髪の下から覗くブルーの瞳、誰ひとりとして傷付けたことがないような純真な瞳で見つめられるだけで、男性達は彼女に夢中になってしまう。

ひらひらと蝶のように舞い、花から花へと移っていく。ミュージシャンとしてはM・ウォードというベスト・パートナーを得ることができた彼女も、恋愛や結婚といったプライベートのパートナーを見つけるまでの道のりはまだ長そうである。

何度も理想と現実の壁にぶつかりながらも、ゾーイはいつまでもサマーとトムのようなロマンチックな出会いが自分にも訪れ、最良のパートナーが現れるのを夢見ている。

〈山崎まどか×多屋澄礼〉

私たちが愛したフィメール・ミュージシャン

多屋澄礼（以下**T**） まず山崎さんへの最初の質問なんですが、初めて好きになった女性ミュージシャンは誰でしたか？

山崎まどか（以下**Y**） 誰か一人挙げるのは難しいんですけど、ぼんやり自分のことを考えると、小さい時に親のレコードコレクションが子どもに影響をおよぼすじゃないですか。母親が、わりとニューヨーク・パンクが好きで。

T パティ・スミス（Patti Smith）とか？

Y そう。パティ・スミスとかテレヴィジョン（Television）とか。だからパティ・スミスは子どもの頃から知っている女性ミュージシャンだったんです。

T 子どもでパティ・スミス聴いてるって、なかなかないですよね。

Y 親の持っていたレコードを思い出してみると、ビートルズの赤盤とかドアーズとか、なぜかジュリエット・グレコとかって感じだったんですけど。その中にテレヴィジョンもあった。でも中学くらいになると普通にマドンナ（Madonna）とかシンディー・ローパー（Cyndi Lauper）を聴くようになりましたね。澄礼ちゃんが好きそうなところでい

山崎まどか
コラムニスト。近著に『イノセント・ガールズ』（アスペクト）『「自分」整理術』（講談社）『オリーブ少女ライフ』（河出書房新社）

＊中川比佐子：
MILKのモデルとしてスカウトされ1980年代半ばからヴィヴィアン・ウエストウッドのショーのモデルなど海外にも進出したアジアン・ビューティー。

＊オリーブ：
ティーン向けのファッション誌。チープシックや渋谷系などオリーブならではのコンテンツで、その熱狂的な読者（オリーブ少女）を生む。山崎まどかさんも当時、オリーブで「東京プリンセス」を連載。

うと、ストロベリー・スウィッチブレイド（Strawberry Switchblade）が出てきたのが、やはり中学時代。

T　中学生の時に原体験してるんですね。

Y　〝シンス・イエスタデイ〟がヒットして、ストロベリー・スウィッチブレイドの日本での女子人気ってすごく高かったんですよ。ファッションも皆真似してましたね。

T　当時の*雑誌オリーブの世界観と近かったですよね？

Y　オリーブ少女は皆〝シンス・イエスタデイ〟のビデオを見て「なんて可愛いんだろう」って思っていた。リボンだし、水玉だし。

T　あのメイクは強烈だけど、女の子は実際に取り入れてたんですかね？

Y　アートっぽいメイクが流行ってたから取り入れてる女の子も多かったと思う。なんせ*中川比佐子とか*かの香織とかがお洒落なお姉さんとして君臨していた時代だったから。ああいうアイラインのメイクとかってニューウェイブ女子がしがちだったんじゃないかな。

T　なるほど。

Y　〝シンス・イエスタデイ〟が流行っていた頃の、自分の「インディーことはじめ」みたいなものでいうと、私は吉祥寺の学校に通っていて、自宅が国立だったから両方の駅に新星堂チェーンのレコード屋があるわけですよ。新星堂はその頃*Crépusculeとかフランスのレコードなんかを直輸入して「シリウス・コレクション」というレーベルで出していたんですね。それでCrépusculeのアーティストを聴きはじめたっていうのがやっぱりその頃。

T　早熟ですね！

Y　それがインディー畑の音楽への邂逅でしたね。ここで私がルイ・フィリップ（Louis Philippe）とかフレンチ・インプレッショニスツ（French Impressionists）が好きだったら渋谷系エリートになれたんだろうけど、悲しいかな、*タキシードムーン（Tuxedomoon）の大ファンだったのよね（笑）そういうズレはあったけれど、アンテナ（Antena）なんかも好きでしたよ。

T　こういう音楽に普通に出会えるって不思議な時代ですよね。

Y　私は世代的にも運がよくって、東京の子だったから背伸びして*WAVEとかに行くわけですよ。難解な音楽とかヨーロッパのインディーとかを、よくわからないけれどどこれはお洒落らしいから聴いてみようってトライできる環境はありましたね。

T　私もなくなる前に六本木WAVEには数回行く機会があって。地元池袋はWAVEも新星堂もタワーレコードもHMVもヴァージンもあって。

Y　CD屋天国の時代ですよね。私が十代の頃のタワーレコードは通な感じがして当時はちょっと敷居が高かったけど。私は90年代がまるまる自分の20代と重なっていて、その時

＊WAVE：
セゾングループ系列のCDショップ。六本木WAVEは文化の発信地だった。売り上げ不振で2011年に全店閉店となった。

＊タキシードムーン：
アメリカのニューウェーブ・ムーブメントの中でも異色の存在。サンフランシスコ出身で、Crépusculeからリリースし、カルト的な人気を誇る。

＊Crépuscule：
クレプスキュール。ベルギーの音楽レーベル。AntenaやMikadoなどをリリース。タキシードムーンも所属。

＊かの香織：
プレ渋谷系と呼ばれたニューウェーブ・バンド、ショコラータのヴォーカル。

期に自分の中の音楽の地図がひっくり返っちゃったんですよ。あの頃は新しい音楽をほとんど聴かなかった。バート・バカラック（Burt Bacharach）とキャロル・キング（Carole King）の「つづれ織り」に出会って、20代はひたすらアメリカのルーツ音楽探訪の旅でしたね。50年代とか60年代とか、*ブリル・ビルディングのものとかを一生懸命聴いて、60年代のソフトロックとかちょうど流行っていたから、アレンジャーとか作家の地図を作ってみたりして。

T　点と点を線で結んでいくんですね。

Y　自分の中で繋げていって、ディスクユニオンとか中古のレコード屋に行って、盤を漁って、音楽相関図を作っていた。中でもキャロル・キングは好きだったんです。ブリル・ビルディング周辺の作家の中で、他にも自分で歌ったりする女の子達がいるのを知った時は嬉しかった。キャロル・キングほどは大物じゃないけれど、*エリー・グリニッチ（Ellie Greenwich）も自分で歌ってるし、ジャッキー・デ・シャノン（Jackie De Shannon）も大好きだった。彼女はわりと悲劇の人で、長い間「他人が歌った自分の歌」か「自分が歌った他人の歌」しか売れなかったんですよね。70年代になるまで自作の曲をヒットさせられなかった。そういうところも含めて彼女が好きでした。更に70年代に目を移すとジョニ・ミッチェル（Joni Mitchell）がいる。そういう女性ミュージシャン達が自分の音楽地図の中で核になっている気がします。

T　その中でもロールモデルとして生き様などに憧れた人はいますか？

Y　ロールモデルね…。

T　私は母の影響でスタイル・カウンシル（The Style Council）の*ディー・シー・リー（Dee C.Lee）に憧れていて。歌も上手くて。

Y　彼女は美人でスタイルもいいもんね。

T　そんな母の影響もあって、実のところ*キム・ゴードン（Kim Gordon）とかに憧れた経験がなくて。

Y　でもキムが神様みたいな女の子って多いですよね。

T　私が高校生の時にまだ雑誌「relax」があって、ソフィア・コッポラ周辺のガールズカルチャーとかもあったんですが、リアルタイムではのめり込めなくて、もっぱらイギリス寄りでしたね。

Y　イギリスだとしたら誰がロールモデルで思い浮かぶかな？

T　この本の中でも書いたんですけど、カースティー・マッコール（Kirsty MacColl）が私のロールモデルですね。彼女も初めは自作で自分が歌った曲でヒットしなくて。トレイシー・ウルマン（Tracey Ullman）が彼女の曲をカバーしてヒットするんですよね。

Y　カースティーも作家タイプよね。私はトレイシー・ウルマンが好きなんだけれど、カースティーがトレイ

＊キム・ゴードン：
ソニック・ユース（Sonic Youth）の紅一点。ソフィア・コッポラなどと並んで90年代のガールズカルチャーの中心人物として現在でも人気がある。

＊ディー・シー・リー：
ワム！（Wham!）のコーラスに参加。後にスタイル・カウンシルに加入。ポール・ウェラーと結婚（現在は離婚）。娘はモデル、息子のナット・ウェラーは日本でビジュアル系バンドとして活躍中。

＊エリー・グリニッチ：
1940年生まれのソングライター。ブルックリンに生まれ、ピアノを独学で習得し、十代から作曲を始める。ジェフ・バリーと結婚。共作でロネッツ（The Ronnets）の"ビー・マイ・ベイビー"などを作曲した。

＊ブリル・ヴィルディング：
タイムズスクエアの北に位置するビルで、音楽事務所やスタジオが入っており、ビッグバンド時代を支えた。多くのミュージシャンを送り出した伝説の場所。

シーのために書いた曲は本当に素敵だと思う。60年代の音楽が好きだったからカースティーの曲には親近感があるし。

T 音楽は20年のタームでリバイバルするから80年代はそういった意味で60年代の要素が取り込まれてますよね。

Y 作家からシンガーソングライターに転身していく女性ミュージシャンも多い。ライターのスタンスで自分でも歌うっていう人が好きですね。アメリカだと*アリー・ウィリス（Allee Willis）ってミュージシャンがいるんですけど、彼女はアース・ウィンド・アンド・ファイアー（Earth Wind & Fire）の〝セプテンバー〟とか*ドラマ「フレンズ」の主題歌の〝アイル・ビー・ゼア・フォー・ユー〟を作った人なんですよ。彼女の唯一のアルバム「チャイルドスター」は本当に素敵。

T 逆にシンガーソングライターって形で成功するより作家の女性ミュージシャンとして、その後にシンガーとなるほうが面白そうですよね。

Y 最近だと、シンガーソングライターでやってこうと思ったら売れなくて、作家として書いた曲が当たって、そのご褒美でレコード会社から自分のアルバムを出してもらえるって人もいますよね。〝ティーンエイジ・ドリーム〟とか、ケイティー・ペリー（Katy Perry）の一連のヒット曲を書いた*ボニー・マッキー（Bonnie McKee）って女の子がいて、彼女のアルバムが出るってアナウンスがあったはずだけど、どうなったのかな。キャッチーなメロディーを書く才能があるんですよ。ビヨンセ（Beyoncé）も、自分だけでやっているんじゃなくて、ライターの女の子達に支えられて今のイメージを形成していっている。だから今でも、ライター女子に興味があるんだけど。

T *テイラー・スウィフト（Taylor Swift）はその中だったら結構珍しいタイプだと思うんですよ。ファッション関係者やインテリ層からもちゃんと認められてる元カントリー歌手という点で。

Y テイラーの面白いところって、*アデル（Adele）みたいに音楽エリートから火がついて一般層に受け入れられる流れの逆で、ブルーカラーであるとか、もっと普通の女の子とかがターゲットだったのに、インテリ層に飛び火していったところですよね。今までにない自作自演のミュージシャンだと思う。日本だと彼女はまだそういった風に見られてないのが残念ですけど、そういう世界的な評価をもっと知って欲しいと思う。

T 赤いリップとか、ファッション性ばかりが取り上げられてますもんね。彼女の音楽性よりも。

Y テイラーの存在は今やフェミニズムの象徴みたいになっていて、*レナ・ダナムや*タヴィ・ジェヴィンソンも彼女のファンだって公言するんだからすごい。タヴィちゃんは

＊アリー・ウィリス：
アース・ウィンド・アンド・ファイアーやシンディー・ローパーのヒット曲を手がけているソングライター。映画の挿入歌も手がけている。唯一のソロ・アルバムに「チャイルドスター」がある。

＊フレンズ：
1994年から2004年まで放送されていたアメリカの人気のテレビドラマ。ドラマの人気とともにThe Rembrandtsの主題歌もヒットした。

＊ボニー・マッキー：
作曲家。"California Gurls"、"Last Friday Night (T.G.I.F.)"などKaty Perryのヒット曲を共作。

＊アデル：
英国出身、88年生まれのシンガーソングライター。アルバム「19」でデビュー。セカンドアルバム「21」は世界で2800万枚以上のセールスを記録している。

雑誌「Belive」の音楽特集号で見開き4ページくらいでテイラーについて熱く語ってる。彼女のことを孤独な魂を持ちながらスターになったありえない存在として絶賛していて、まるでスミス(The Smiths)のモリッシーみたいにテイラーを語っている。そんな存在はなかなかいないし、さらにそれが女子だっていうのが面白い。

T　インテリっぽさとキャッチーなアイドルっぽさが同居しているのが私は好きです。

Y　セールス的にも成功しているのが本当にすごい。

T　女性ミュージシャンであることのメリットって何だと思いますか?

Y　女性とか男性とか区別されるのが嫌だって言う人もいると思うんですけど、やはり人の属性ってものが作品に反映されると思うし、女の人だっていう事実も避けられない。自分のライフ・ストーリーを音楽に落とし込むという女性ミュージシャンも多い。そうなってくると、表現できるなら音楽じゃなくてもいいって思って、途中から別の道に行く人がいてもおかしくない。ミュージシャンの人生も長いでしょう。女の人のミュージシャンで若い時にワッて活躍して、その後やめちゃって家庭に入って、子育ても一段落して、何十年も経ってからまた歌い始める人もいますよね。

T　女性ミュージシャンには多いですよね。この本の中でもそういった人が出てきます。

Y　私はそういうあり方も理解できます。ずっと第一線でやれている人もいるけれど、自己表現が充実していればそれが音楽でも何でもかまわないって思ってやめちゃう人がいてもいい。再評価されている*ヴァシュティ・バニヤン(Vashti Bunyan)とかもそうですよね。

T　急に活動を再開してビックリしましたよね。

Y　伝説扱いだったしね。それでいうとトレイシー・ソーン(Tracey Thorn)も最近、明らかに子育てが一段落した感じで、元気になって戻ってきたなって思いますね。

T　男の人って結婚したり子どもができたとしても今まで通りの活動だけど、女性の場合は一気にそこで生活を変えて、家庭と音楽を切り替えて器用にやれる人もいればそのままやめちゃう人もいて。

Y　その時に生活も音楽活動も充実していたら、周りからどう見られてもいいって思える強さがあるし、充実していれば音楽じゃなくてもって割り切れちゃう。*ゾーズ・ダンシング・デイズ(Those Dancing Days)の子達も大学に入ってバンド活動をやめちゃったし。

T　世界的にも売れかけてたのに、普通の人ならもったいないって思っちゃいそう。

Y　世間的な動きは関係なくて、自分がやりたいからっていう気持ちが大事なんだね。

＊テイラー・スウィフト:
89年アメリカ、ペンシルバニア州生まれ。カントリー歌手としてデビューし、現在はアメリカを代表する歌姫に。別れた彼氏を歌の題材にすることでも話題に。180cmの長身で、スタイルもよい。

＊レナ・ダナム:
テレビドラマ「Girls」で監督、主演をつとめ、「タイム」誌で「世界でもっとも影響力のある100人」にも選ばれた。

＊タヴィ・ジェヴィンソン:
11歳の時にスタートしたファッションブログで一躍有名ブロガーに。自ら編集長となって“Rookie Mag”をwebで展開している。その内容を「Year Book」として一年に一冊のペースで出版もしている。

＊ヴァシュティ・バニヤン:
1970年にアルバム「Just Another Diamond Day」をリリースしたシンガー・ソングライター。長い沈黙の後、2005年に活動を再開し改めてその才能が賞讃されている。

T 自分が楽しめているか、楽しめていないかっていうのが大事なんでしょうね。

Y 60年代にフェミニン・コンプレックス（Feminine Complex）っていうまぼろし系の女子バンドがいたんです。彼女達の再発CDのライナーノーツが笑えるの。フェミニン・コンプレックスのメンバーは当時高校生で、バンドとして人気が出たので夏休みの間は大きいバンドのヘッドライナーにもなってツアーに行ったんだけど、2学期になったら、主要メンバーの内バスケットボール部にいた2人がメンバーが足りないから部活に復帰したいって言い出して、それでバンドが解散（笑）。彼女達にとっては夏休みの思い出でしかなかった。

T 実は本のタイトルをフェミニン・コンプレックスにしようと最初は考えていて。ストレートすぎるので結局は造語にしたんですけど。

Y 私の中では最高の女子バンド物語ですね。

T そういった意味ではライク（The Like）とかが近いですよね。

Y 本当に。彼女達の活動を本気じゃないって怒る人もいるけど、でもそんなのは関係ない。オールガールズバンドってジャンルもスキルも関係ない。

T *シャグス（The Shaggs）とかもそうですね。

Y 気持ちがあればなんか許せちゃうみたいな。

T ガールズバンドって皆ステージの上でお洒落しているところも私は好き。ドリー・ミクスチャー（Dolly Mixture）とかそれぞれの可愛さがあって。男子にはないよさですよね。逆にデメリットって何だと思います?

Y 私はオールガールズバンドが題材になった映画が好きなんです。以前自分がやった講義でも取り扱ったんですけど、「*Fabulous Stains」っていう女の子のパンクバンドの映画もそうだし、ラス・メイヤースが撮った「*ワイルド・パーティー」も、「*プッシーキャッツ」も、音楽が好きな女の子達が悪徳プロデューサーにだまされるっていうところが共通している。アイドルバンドに仕立て上げられて、大人達ががっぽり儲けていくみたいな話が多いんですよ。プロットタイプは、あのジョーン・ジェットがいたランナウェイズ（The Runaways）なんですよね。「ワイルド・パーティー」はRunawaysの前だけれど。*ランナウェイズの悲劇ってもう神話レベルで女子につきまとうんだなって。

T 今はきっと状況は変わってきてますよね。情報もあるし。

Y インディペンデントなやり方も色々あるしね。女の子が自由に音楽を作れる環境はあっても、業界のシステムはそうなっていないっていうことの悲劇があるんでしょうね。いい女子マネージャーが出てきて、バンドを守るべきだよね。

***ランナウェイズの悲劇**：
敏腕プロデューサーとして名が知られたキム・フォーリーによってつくられた元祖ガールズ・ロックバンド。成功を手にしながらもバンド内の崩壊により解散に追い込まれてしまう。

***「Fabulous Stain」、「ワイルド・パーティー」**：
P.36のコラム参照。

***「プッシーキャッツ」**：
アニメ「Josie And The Pussycats」原作でレイチェル・リー・クックが主演をつとめた。

***シャグス**：
父親の勝手な思惑で楽器をもたされた姉妹バンド。ノーテクで「世界最悪のロックンロールバンド」と評され、アルバム「世界哲学」はアウトサイダー・アートとして一部の熱狂的ファンから支持され続けている。

***ゾーズ・ダンシング・デイズ**：
デビュー当時まだメンバー全員が十代だったスウェーデンの5人組インディー・ガールズバンド。ヴォーカルのリニア・ジョンソンはゴッド・ヘルプ・ザ・ガール（God Help The Girl）などにも参加。

T 音楽業界はだいたい男性が仕切っているからマネージャーは男性がほとんどで、男社会なんでしょうね。

Y プロデューサーもA&Rもだいたい男性だし。

T 最近だとライクのテネシーがA&Rとして働いているけど、やはり圧倒的に少ない。

Y R&BやHIP HOPの世界でも女子が活躍できる場が出てきて、女子ラッパーのシーンも面白くなってきてると思う。女の子がHIP HOPを聴くようになっても、女子のラッパーは強面かビッチかみたいな二択で、前は普通の女の子が感情移入しにくかった。だけど、*ニッキー・ミナージュ(Nicki Minaj)が出てきて、*イギー・アゼリア(Iggy Azalea)みたいに実力があって、華もあってスターで、女の子が見てもあの子いい!っていうアーティストが出てきて、状況は変わりつつありますよね。今チャートで1位になってる〝ファンシー〟もイギーがラップをやって、歌メロを*チャーリー・エックス・シー・エックス(Charli XCX)っていう若いライターが自分で作って歌っていて、ガールズパワーを感じます。だから余計、R&BとかHIP HOPのシーンで、一番の花形であるところのトラックメーカーに女子のスターがいないってことが気になっているんです。歌メロを作れるライターの女の子は山ほどいて、Charli XCXも売れっ子だけど、やっぱり〝ファンシー〟だとあのイントロから使われている「ドゥッドゥッドゥー」っていうあれね、あれを作った人が一番儲けてるわけですよ。

T テレビとかラジオでも一番使われるのはそこですしね。

Y だから次に欲しいのは女の子のトラックメーカー。音楽の場において、女の人が実はここにいないよってとこがたくさんあって、それが整うと女性はもっと活躍しやすくなるんじゃないかな。

T 女性のA&Rとかいても全然おかしくないですもんね。トレンドを読んだりとかそういったものに敏感なのは女性のほうだし。

Y 海外でもこういった傾向は根強い。でも、変えていける機運はまだあると思う。日本の場合はもっと時間がかかりそうですよね。日本の音楽シーンで、若い女の子で自分で本当に面白い歌を作ってる子ってどこにいるんだろう。音楽だけじゃなくて、各分野で若手の女子がいないっていう話はよく出ます。そういえば、カメラマンで若手の女の子の名前を聞いたことないって話を最近誰かとしたっけ。

T *梅佳代さん以降、たしかに聞かないかも。

Y あれだけ*HIROMIXとかの人気があったのに、ある年代から下がいないってどうなんでしょうね。あんなにカメラ女子雑誌みたいなのがたくさん出てたのに。一眼レフを抱

＊梅佳代:
石川県出身の女性カメラマン。大阪の男子小学生を撮影した「男子」など身近な人物たちを被写体にした作品を発表。

＊Charli XCX:
イギリス出身のエレクトロポップシンガー。アイコナ・ポップ"I LOVE IT"やイギー・アゼリアの"Fancy"に参加。デビューアルバム「TRUE ROMANCE」が各メディアで絶賛される。

＊イギー・アゼリア:
オーストラリア出身のモデル兼ラッパー。全米ビルボードHOT100に初めて登場した曲が同時に1位と2位を獲得したのはザ・ビートルズ以来の快挙と話題に。

＊ニッキー・ミナージュ:
ラッパー仲間のリル・ウェインに見いだされた女性ラッパー。デビュー・アルバム「ピンク・フライデー」はアメリカでプラチナディスクを獲得。

えた女子はみんなプロになる気はないのかな。それは音楽も同じで、いまだに女子高生がなぜ椎名林檎とかaikoとかを聴かなくちゃいけないんだろうって思うことがある。ああいう立場の女の子が彼女達の同世代にいないのが問題なんだよね。その状況はよくない。20代でそういう表現をしている子がもっとたくさんいてもいいはずなのに。

T 結局若い女の子達がファッションに執着しているからでしょうね。それを大人が利用して利益を得るシステムができちゃってる。若い子たちはもう手軽なインスタグラムでいいじゃんみたいなムードになってる。自己完結しちゃってる。

Y でも例えば、*オリヴィア・ビー(Olivia Bee)っていう20歳のフォトグラファーはものすごく人気があるけど、彼女は*Flickerから出てきて大スターになった子だよね。*Rookieみたいなインディでも撮って、Vogueのグラビアも撮る。エルメスのためのショートフィルムなんて、自分と自分の彼氏主演で撮っていた。二人で海の中に飛び込んでキスして、私達は素晴らしいでしょって世界に見せている感じ。そういう子が日本にもいていい。ミュージシャンでもそういう子がいて欲しい。

T もっといっぱい出てきてもいいのにって私も思います。

Y 私が個人的に好きになれるかどうかはおいといて、自分達の気持ちを歌ってるなっていう感じさせる若い世代の子がいたほうが絶対にいい。*ロード(Lorde)は17歳であれだけスターになったんだし。彼女が歌ってる内容を聞くと、17歳や18歳の子達が同世代が放ったヒット曲としてこれを聴けるのは、すごく幸せだろうと思うんですよ。そういう環境が今の日本にない。

T どこから発信すればいいのだろうって悩んじゃいますね。

Y しょうがないから「外国のものを聴きなよ」って紹介するしかないみたいな。そうすると本当に、頑張って洋楽を聴いている一部の女子にしか届かないの。

T タヴィちゃんとかは音楽の趣味もすごくいいじゃないですか。特に女性ミュージシャンに詳しいイメージだけど、ファッションだけじゃなくてそういった面を見て勉強して欲しいって思うんですよね。

Y アメリカだったらタヴィちゃんがジョニ・ミッチェルを好きだから自分も聴こうっていう女子がきっといるはずなんだけど。

T Rookie Year Bookの一冊目にDum Dum Girlsのソノシートが付いてたのもとてもいいって思って。それを聴いて、さらに世界が広がればいいんだけど。

Y ところで、澄礼ちゃんはどこから音楽とか聴くようになったの?十代の時とかどういったところから情報を得てきたのかな?

T 十代の時かあ…。学生時代は本当にレコード屋さんに入り浸ってて。

*ロード:
本名エラ・イェリッチ・オコナー。ニュージーランドのオークランド出身。プロデューサーのジョエル・リトルと出会い、デビュー・シングル「Royals」で世界的に大ブレイクする。

*Flicker:
写真共有サイトの元祖。

*Rookie:
タヴィ・ジェヴィンソン監修のウェブ・マガジン、ブック。

*オリヴィア・ビー:
ポートランド出身。十四歳という異例の若さでコンバースの広告に写真が起用され、エルメスやニューヨークタイムスなどでも写真家、映像家として活躍する。

*HIROMIX:
1990年代の女の子写真(ガーリーフォト)ブームの火付け役となった写真家。

学生時代に時間を持て余して*ジャニスばっかり行ってましたね。お金もないからレンタルでロックを聴き漁って。家に帰ってそのCDを聴いて引きこもってばかりでした。最初のきっかけは母親の趣味でスタイル・カウンシルに出会って。姉がグランジ好きだったんで、それに反発して自分は*ブリットポップとかを十代初めは聴いていました。ハードなイメージのバンドはちょっと苦手で、自分の生活上に存在しうるバンドが好きだなって思うようになって。トレイシー・ソーンとかがそういう存在ですね。

Y　マリン・ガールズ(Marine Girls)とかは今聴いても全然古くないし、今の女の子バンドだって言われても違和感がない。ビデオも素敵だし。

T　海辺の遊園地ですね。

Y　そこで女の子達がだらだらと退屈している感じとか、今見てもぐっとくる。

T　その様子がすごい身近に感じるから彼女達のことが特別好きなのかなって思います。

T　これは最後の質問なんですが、山崎さんがもし音楽をやっていたとしたらどんな音楽をやっていたと思いますか?

Y　個人的に聴くなら作り込まれたプロダクションが好きだけど、やるとしたらガレージみたいな荒いのがいいなあ。今バンドをやってたら澄礼ちゃんなら何をカバーする?

T　自分の技術が追いついていたとしたらなんですけど、ピンク・フロイド(Pink Floyd)の〃シー・エミリー・プレイ〃。昔カバーしようとして途中のピアノの転換のところで挫折したことがあって。

Y　今のヒットソングをガレージでカバーしてみたいって思う。私はね、多分*ケシャ(Ke$ha)の〃ダイ・ヤング〃はカバーすると思う(笑)。ケシャと私とでは全然世界が違うんだけど、彼女の歌詞っていつも面白いと思っているんですよ。レディー・ガガ(Lady Gaga)みたいなきれいごとを言わないで「金持ちの家でパーティーやってるから荒らしにいこう」とか「セブンイレブンの駐車場で恋に落ちた」とか「服を売って日銭を稼いで車で生活しているけど、土曜のパーティーだけは私達のもの」みたいな、本当にヤンキーの土曜の夜の刹那みたいな内容。ひどい内容なんだけど、彼女はリアリティを表現するのがすごく上手。もっと評価されていいと思ている。それをガレージな感じでやったらまた全然違うリアリティが生まれるんじゃないかという気持ちがあります!

***ジャニス:**
お茶の水、神保町にある貸しCD屋。在庫数8万枚という膨大なコレクションでインディーアーティストも取り扱っているライブラリー的存在。

***ブリットポップ:**
94年〜97年にかけてイギリスで巻き起こった音楽ムーブメント。ブラー(Blur)やオアシス(Oasis)、スーパーグラス(Supergrass)など多くのバンドを生み出した。ファッションやテレビなども巻き込み社会現象に。

***ケシャ:**
ロサンゼルス生まれのシンガー・ソングライター。裏方として数々のアーティストを支え、デビュー・シングルとなる「ティック・トック」は全米シングル・チャート9週連続で1位を獲得し人気ミュージシャンに。

Frances Mckee

The Vaselines

フランシス・マッキー (The Vaselines)

——カート・コバーンが愛したスコットランドのミューズ

世界的に多大な影響力を持つカリスマでありながら、拳銃で自らその命を絶った*ニルヴァーナ(Nirvana)のカート・コバーン。彼にはコートニー・ラブとの間に唯一の娘が存在する。

カートは愛する娘にもっとも尊敬するミュージシャンの名前を付けた。彼女のフランシスという名前がヴァセリンズ(The Vaselines)のフランシス・マッキーに由来していることはファンの間では有名な話である。

今となってはイギリスを象徴するバンドとして語られるヴァセリンズだが、かつては正当な評価を得られないまま一度その姿を消している。その名前を再び浮上させたのは冒頭にも述べたカート・コバーン。彼はヴァセリンズへの愛をストレートに表現するために〝サン・オブ・ア・ガン〟や〝モーリーズ・リップス〟をカバーした。その当時ニルヴァーナの人気は絶頂に達しており、ファン達はそれをきっかけにヴァセリンズの存在を知った。カートの働きかけで*Sub Popレーベルはヴァセリンズが唯一残したアルバム「ダム・ダム」にシングルとして

*ニルヴァーナ(Nirvana):
グランジ・ムーブメントの元祖。フロントマンのカート・コバーンが銃で自殺してしまったことにより神格化される。妻コートニー・ラブはホール(Hole)のヴォーカルとして知られる。

*Sub Pop:
シアトルにあるインディー・レーベル。86年に設立し、90年代のグランジ・ブームの火付け役となった。ファンジン「Subterranean Pop」が母体となっている。

リリースされた曲を加えた編集盤をリリース。そこにあるピュアでシンプルな音楽の魅力に多くのリスナーは驚かされた。その当時のインタビュー記事や映像はほとんど残されていなかったために、ファンは長らくジャケットに写る二人からその人物像を想像するしかなかった。特につんと上を向いた鼻が妖精のようなフランシスは注目の的となった。

八六年、グラスゴーの南に位置するパークヘッドはよくある郊外の街で、その穏やかな環境の中でフランシスは生まれ育った。マッキー家は熱心なカトリック教徒の家柄だったために、修道女が教師をつとめる旧式の私立女子高へと有無を言わさずに進学させられた。後にフランシスとヴァセリンズを結成するユージン・ケリーも同じような家庭に育ち、お互いまったく異性と触れ合うことのない厳格な学園生活を送った。

高校を卒業し、窮屈な日常からやっと解放されたフランシス。彼女は小さな頃から宝物のようにそっと聴いてきた大好きな音楽を、誰からも干渉されずに楽しめることが嬉しく、よりいっそう幅広い音楽に興味を持つようになる。好奇心旺盛なフランシスは聴くだけでは満足できなくなり、ギターを手に取った。誰から習うわけでもなく、自然と曲が沸き上がってくる。彼女の作曲センスは天性のものだった。フランシスは日常の些細なことを何でも歌にしていった。パークヘッドには取り立てて目立った音楽シーンはなく、退屈していた彼女はグラスゴーにパステルズ（The Pastels）という面白いバンドがいることを聞いてすぐにその地へ足を運んだ。そこではパステルズ以外にも、ＢＭＸバンディッツ（BMX Bandits）やボーイ・ヘアードレッサーズ（The Boy Hairdressers）などのインディーのバンド達が活き活きと演奏していた。その様子を見て、自分がバンドを組んで彼らの一員になっている姿をフランシスは思い描くようになっていった。

ただ憧れているだけでは何も始まらないと思ったフランシスはグラスゴーでの一人暮らしを始めた。箱入り娘にとってすべてが初めての経験。それでも持ち前の性格の明るさからあっという間に友達の輪を広げていく。その友人の繋がりで彼女と同じパークヘッド出身のユージン・ケリーに出会った。似た境遇で育ち、音楽の趣味や価値観を共有し合えるユージンはフランシスの心の拠り所となった。二人の距離はどんどん縮まっていき、関係は友人から恋人へと変化していった。

デートの場所はもっぱらライブ会場。音楽フリークな二人がバンドを結成するのは時間の問題だった。バンド名はフランシスが愛用していたリップクリーム「*ヴァセリン」から。二人以外は流動的なメンバーでラフに活動をスタートさせた。

フランシスが得意とする言葉遊びを曲作りのヒントに、彼女達は次々に曲を生

*ヴァセリン：
1870年にアメリカで誕生した保湿剤。リップやハンドクリームとしてお手頃に使える。

み出していった。

「あなたがベッドルームでギターを弾くと太陽の光が差し込むのに、いなくなったら途端に雨が降り始めるの。」恋人同士の甘く、のんびりとした会話がそのまま〝サン・オブ・ア・ガン〟という曲になった。パステルズのスティーブンも二人が作った曲を気に入り、スティーブンと*ショップ・アシスタンツ（Shop Assistants）のデヴィット・キーガンが運営する53rd & 3rdからシングルをリリースすることになる。そこで、ロリーと名付けたお気に入りの自転車のことを歌った〝ロリー・ライズ・ミー・ロー〟、そして*ディヴァイン（Divine）の衝撃作〝ユー・シンク・ユーアー・ア・マン〟をリズムマシーンとキーボード（レコーディングではパステルズのアギーが弾いている）でカバーし、B面に収録した。どの曲も幼さの残る女学生風なフランシスの歌声とユージンの渋い歌声がコントラストになり、〝ユー・シンク・ユーアー・ア・マン〟では二人がまるでベッドの上で愛し合うような喘ぎ声まで登場し、バッド・ジョークが大好きな二人ならではの作品になった。それに続くシングルにはラウドなロックンロール風の〝ダイイング・フォー・イット〟、スコットランドの名女優の*モーリー・ウィアを題材にし、とぼけた自転車のクラクションが牧歌的な〝モーリーズ・リップス〟、後にアルバムにも収録された〝ティーンエイジ・スーパースター〟やカートコバーンが*MTVで披露したことでその

＊MTVで披露：
MTVの看板番組「アンプラグド」。一流アーティストたちがアコースティックを基調としたライブを披露する番組でニルヴァーナも葬儀をイメージしたセットで出演。

＊モーリー・ウィア（Molly Weir）：
グラスゴー出身の舞台女優。BBC制作の子供番組「レンタゴースト」のヘイゼル役で知られている。

＊ディヴァイン（Divine）：
体重100kgを超える巨体のドラッグクイーン。ジョン・ウォーターズ監督作「ピンクフラミンゴ」での怪演で有名に。80年代には歌手としても活躍した。

＊ショップ・アシスタンツ（Shop Assistants）：
エディンバラ出身、1984年に結成。初期メンバーにはパステルズのアギーもいた。シングルに収録された“オール・デイ・ロング”はモリッシーから絶賛された。

素晴らしさが語り継がれている〝ジーザス・ウォンツ・ミー・フォー・ア・サンビーム〟が収録され、インディーチャートでも十一位と大健闘した。

彼らの人気に火が着いているうちに、アルバムをリリースする話が急速に持ち上がった。しかしそれを待たずしてヴァセリンズはあっけなく解散。彼らを育てたレーベルが経済的に立ち行かなくなり消滅してしまったのと同時に、二人の恋人としての関係が終焉してしまったことが最大の原因だった。結局アルバム「ダム・ダム」は Rough Trade からリリースされたものの、ろくなプロモーションもされずに当然話題にもならなかった。解散直前にビート・ハプニング（Beat Happening）のカルヴィン・ジョンソンが二人の才能に目を付け、それぞれのバンドがスタジオで録った音源をスプリットとして解散から二年後にリリース。その結果アメリカの熱心な音楽ファン達にもヴァセリンズの存在は知られるようになり、その一人にニルヴァーナのカートがいた。彼は特にフランシスの歌う〝モーリーズ・リップス〟のイノセントな魅力にとりつかれる。ニルヴァーナとして彼らのカバーをアルバム「インセスティサイド」に収録することで、さらに広い層にヴァセリンズの名が知られるきっかけを与えた。

解散から数年遅れでやってきた正当な評価。しかし当の本人達はその波に乗ることもなく、まぼろしのバンドになった。ユージンはソロや*キャプテン・アメリカ（Captain America）として、フランシスは妹と共に*サックル（Suckle）として音楽活動をのんびりしたペースで続け、何度も再結成を噂されたにもかかわらず、そうした噂はすぐに立ち消えた。

解散から約十年、長い沈黙期間は元カレとの関係を精算し、笑って同じステージに立つためにフランシスが必要とした年月だった。

その十年の歳月の間にフランシスは結婚し、生活はがらりと変わる。ヨガに開眼し、インストラクターになる夢を抱くようになった。猛勉強した彼女は資格を取り、*自分のスタジオを経営するほど打ち込んだ。こんなに何かに夢中になったのはヴァセリンズ以来で、彼女は一つの夢を実現させたことで自信を取り戻していった。それと同時にソロミュージシャンとして作品を発表し、ステージに立つその足はヴァセリンズ時代に比べるとてもしっかりした、確かなものになっていく。曲の合間にジョークを飛ばせるほど精神的にも余裕が生まれ、フランシスは変わった。仕事もプライベートも安定し、ヨガで精神の平和を保つことができた彼女は元カレのユージンともいい距離感で演奏できる関係性を再び築けるようになる。

チャリティー・ライブで再結成した後、Sub Popのアニバーサリーでのライブでユージン、フランシスは彼女達を待っていてくれたファンの熱い眼差しを見て、

＊キャプテン・アメリカ(Captain America)：
ユージン・ケリー、BMXバンディッツのゴードン・キーン、ジェームス・シーナン、アンディー・ボレンによって結成された。同名のマーベル・コミックがあるため、ユージニアス（Eugenius）に改名した。

＊サックル（Suckle）：
妹のマリー・マッキーと共に結成。モグワイ（Mogwai）やビス（Bis）を輩出したグラスゴーのChemical Undergroundレーベルと契約し、シングル4枚、アルバム1枚を残して解散する。

＊自分のスタジオ：
グラスゴーで「ヨガ・エクステンション」というスタジオを経営。自らヨガを教えている。

自分達のやっていた音楽はずっと愛され続けていたのだという事実を受け入れることができた。

年を重ね、顔の皺は増えたけれど、二人は以前より数倍も精力的にヴァセリンズとして曲を書き続けている。

まるで二十年前に置いてきた青春を取り戻すように活動を楽しむフランシスの表情は、あの芝生にたたずむ少女のものより活き活きとしている。

Charlotte Gainsbourg

シャルロット・ゲンズブール

――恋する父に守られてきた少女の囁き声

自らの意志とは関係なく、マイクの前に立つ少女。指揮者のように見つめる父の目の前で、言われるがままに歌うシャルロット・ゲンズブール。十三歳だった彼女は歌い、演じることで父からの愛情を獲得することができると信じていた。その時の彼女はあまりにも幼く、愛に飢えていた。

彼がこの世を去った現在でも、信仰する人は後を絶たない。セルジュがミューズとして曲を捧げた妻のジェーン・バーキンは六七歳になった今もステージに立ち、ファッション・アイコンとして時代を超越する存在として多くの人々に崇められている。

偉大な二人のDNAを継ぐシャルロット・ゲンズブールは女優として、ミュージシャンとして活動し、どちらの方面でも高く評価されている。しかしながら、ミュージシャンとしての活動は順風満帆ではなかった。女優として八四年に処女作「残火」に出演してから今まで映画にはコンスタントに出演するものの、音楽とは十五歳を最後に長い間遠ざかっていた。

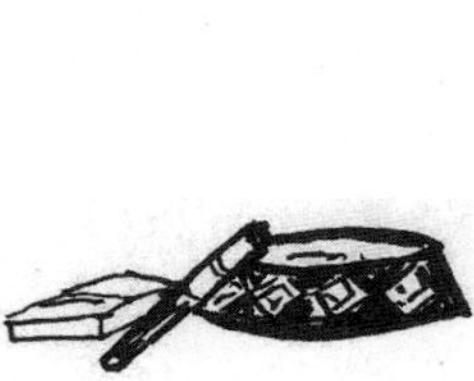

十三歳のシャルロットはパリで働く両親の元を離れ、寄宿学校で生活していた。学校が休みの時は父の仕事場所である音楽スタジオを訪れ、たくさんのプロのミュージシャンに囲まれて歌入れする父の姿を見るのがシャルロットのお気に入りだった。そんなシャルロットに父はある曲をプレゼントする。それはショパンの〝別れの歌〟を下敷きにアレンジし、歌詞を加えた〝レモン・インセスト〟だ。インセスト＝近親相姦というストレートなネーミング、歌詞の内容があまりにセンセーショナルな作品として話題となった。それに加え、上半身裸のセルジュと下着の上にシャツを羽織ったシャルロットがマットレスの上で横たわる衝撃的なビデオも物議を醸し、性的なことに関しては比較的に開放的なお国柄であるフランス本国でも嫌悪感を示す人が多く、問題作として扱われた。シャルロットは幸いにも寄宿学校に通っていた環境のおかげで直接的に批判されることはなかったが、セルジュには非難の声が浴びせられた。その後も彼女は父の可愛いお人形として寵愛を受け続けた。

父セルジュは世間からの強い風当たりにもまったく屈することなく、娘が十五歳になるとアルバム「*シャルロット・フォーエバー」を書き上げ再びシャルロットに捧げた。同タイトルの映画も制作し、自らが監督、俳優となって娘と共演する徹底ぶりだった。映画はプライベート・ビデオのような生々しさ、そしてシャ

*「シャルロット・フォーエバー」(Charlotte Forever)：セルジュ・ゲンズブールが主演、監督し、娘に捧げた映画。出演当時シャルロットは15歳。ナブコフの「ロリータ」をセルジュがシャルロットに朗読するシーンなど、インモラルな内容となっている。

ルロットのヌード場面があり、〝レモン・インセスト〟同様に禁じられた親子愛を押し出した作品となった。シャルロットは父の操り人形になり、フランス版ロリータとして世間から認知されるようになった。常に微熱で浮かされているような表情、受け口気味の唇から漏れるウィスパー・ヴォイスの拙い歌声は父を満足させた。父を愛していながらも、少しずつ父の愛情が異常なものだと思春期のシャルロットは気づきはじめていた。その戸惑いから彼女は歌うことを躊躇するようになった。

歌うことをやめてから二十年の間、シャルロットに歌の依頼は途絶えなかった。しかしその誘いに対して彼女が首を縦に振ることはなかった。

彼女がスタジオから遠ざかっている間に大好きな父が心筋梗塞で亡くなった。「脆さや偶然さを逃さないためにもヴォイス・トレーニングはするな。」と助言を与えてくれる貴重な指導者を彼女は失ったのだ。シャルロットは歌うことを正当化してくれる何かを模索しながら、再び歌える機会を慎重に待ち続けた。*ポーティスヘッド（Portishead）のアルバム「ダミー」を聴いて感銘を受け、何かコラボレーションをできないかと、すぐに連絡を取ったが、いざレコーディングしようという段階で、歌いたい欲求がそれほど高まってはいなかったことに彼女は気づいてしまった。その作品は完成することなく、幻のプロジェクトとなった。

*ポーティスヘッド（Portishead）：
1991年にブリストルにて結成。ボーカルのベス・ギボンズと作曲担当のジェフ・バーロウ、ギタリストのエイドリアン・アトリーが、メンバー。トリップホップ（ヒップホップから派生した電子音楽）の先駆者。

しかし、ある出来事がきっかけで彼女はやっと「歌う許可がおりた」と思えるようになった。それは*マドンナが自分の曲の中で映画の台詞で使われたシャルロットの声を使用できないかと聞いてきたことだった。父セルジュが作り上げたウィスパー・ヴォイスのシャルロットのイメージ。その作られたイメージとは無関係の自分の声を使いたい人がいるということが、彼女は何よりも嬉しかった。世間が持つシャルロット・ゲンズブール像は彼女を長い間束縛してきた。その縄がするするとほどけることで彼女はやっと自由を手に入れることできた。

解放されたシャルロットは自分の魅力を引き出してくれる有力なミュージシャン達を集め、さっそくアルバム「5:55」の制作に取りかかった。*エール(Air)の二人はかねてから彼女のお気に入りで、作曲全般を彼らに依頼した。作詞はパルプ(Pulp)のジャーヴィス・コッカーが自ら名乗り出た。そしてプロデューサーにはシャルロットが大ファンと公言するレディオヘッド(Radiohead)の敏腕プロデューサー、ナイジェル・ゴッドリッチを起用した。ミュージシャンとして大御所でありながら、彼ら全員が喜んでシャルロットの作品に携わった。彼女の血筋とは関係なく、アーティストとしての才能を信じて協力してくれることが救いだった。リハビリもかねて、レコーディングは慎重に進められた。フランス語で歌うと父セルジュのことを連想してしまうため、〝テル・ク・チュエ〟を除き、

***エール(Air):**
フランスのエレクトロポップ・デュオ。映画監督ソフィア・コッポラとは「ヴァージン・スーサイズ」、「ロスト・イン・トランスレーション」などの作品でコラーボレーション。

***マドンナ(Madonna):**
映画「セメントガーデン」の中での「男の子はみんな女装をしてみたいと思っているのよ。それを悪く言うのは女を軽く見てるからだわ。」という台詞をサンプリングし、アルバム「ミュージック」の“ワット・イット・フィールス・ライク・フォー・ア・ガール”に使用している。

すべて英語で歌うことにした。

レコーディング前にヴォイス・トレーニングをしながら、シャルロットは両親を連想してしまう自分の歌声が嫌で仕方がなかった。レコーディング初日、自信を喪失したシャルロットの声は震えていて使い物にならなかった。

父セルジュはシャルロットにボイス・トレーニングすることを禁じていたが、しかし彼女はその掟をやぶって熱心に練習に通い、自信を取り戻していく。薄いベールがかけられたような中性的な声、それは彼女自身の力で手に入れた新しい歌声だった。

自分を過小評価しながらも創作で自己表現をすることを諦めない。倒錯する自分自身へのレクイエムのように音楽を作り続ける彼女は三年の期間を経て「IRM」を完成させた。このアルバムでは*ベック（Beck）が全面的に彼女をサポートすることで前作とはまたまた違った魅力が引き出されている。私生活では俳優であり映画監督の*イヴァン・アタルと結婚し、三人の子どもの母となった。母親、妻、女優、歌手といういくつもの側面を持つ彼女の凛とした顔に、かつての生意気でシャイな面影を探すのは難しい。空の上で娘を見守るセルジュは娘の成長を寂しいと思いながらも、もう自分がいなくても大丈夫だと内心ほっとしていることだろう。

*イヴァン・アタル（Yvan Attal）：
俳優、映画監督。俳優としてはデビュー作「愛さずにはいられない」でセザール賞を受賞している。初監督作品「僕の妻はシャルロット・ゲンズブール」では二人は夫婦役を演じている。

*ベック（Beck）：
94年に"ルーザー"をヒットさせ、90年代を代表するソロ・ミュージシャンに。2002年に発表した「シー・チェンジ」はローリング・ストーン誌年間アルバム・ランキング1位に輝いた。

Katrina Mitchell

The Pastels

カトリーナ・ミッチェル (The Pastels)

――あどけない歌声に不屈のインディー精神を隠したミュージシャン

はにかんだ表情を隠すように顔にかかる前髪。控えめで恥ずかしがり屋で、いつも誰かの一歩後ろに佇んでいるカトリーナ・ミッチェル。

彼女が一番居心地がいい場所はスティーブン・パステルのなきめ後ろ。そこにいればカトリーナは安心して自身を解放し、音楽を奏でることができる。

〟*ソングス・フォー・チルドレン〟、〟*ベイビー・ハニー〟

インディー・ポップのイベントにも付けられたこれらの名前は、カトリーナが在籍するグラスゴー出身のバンド、パステルズ (The Pastels) の曲名から付けられている。インディー・ポップ好きならば知らない人はいないであろうブラック・タンバリン (The Black Tambourine) の名曲〟スロウ・アギー・オフ・ザ・ブリッジ〟はそんなパステルズのメンバーであるアギーへの憧れが詰まった曲として知られている。

ミュージシャンからも愛されるパステルズは八〇年代から今までの間に数は多くないけれど、けっして商業的にはならずに一枚一枚丁寧に自分達のペースで作

＊ソングス・フォー・チルドレン：ジェーン・ブロンデルが主催の香港のインディーポップ・イベント。

＊ベイビー・ハニー：かつてTwee As Fuckのスタッフだったアナスタシアがロンドンで始めたインディーポップ・パーティー。現在、彼女はニューヨークのアザーミュージックに就職し、パーティーは休止となった。

品を発表している。そのおかげでカリスマ性を失うことなく今の地位を確立することができた。

パステルズのフロントマンであるスティーブン・パステルことマクロビーは、バンド活動以外でも＊53rd&3rdや＊Geograohicなどのレーベル・オーナー、そしてグラスゴーの音楽シーンの中心となるレコード・ショップ「モノレール」で働く店員としての顔も持ち、インディー・バンド達から神様のように崇められている。アギーことアナベルはキーボード、ベース、ヴォーカルを担当していたが二〇〇〇年を境に脱退。初期メンバーであったブライアン・タイラー、ドラムのベルナイス・シンプソンも二枚目のスタジオ・アルバム「シッティン・プリティー」リリース後に脱退を決めた。

それに代わるようにメンバーとなったのがカトリーナである。彼女もアギーのように、アメリアがヴォーカルをつとめるテンダー・トラップ（Tender Trap）から〝オー・カトリーナ〟という曲を捧げられている。しかし、ブラック・タンバリンがアギーに捧げた曲ほどポピュラーではない。

カトリーナはスティーブンのようにインディー・アイコンとして取り上げられることも少なく、他のメンバーと比較すると地味な印象を受ける。しかしそんな彼女を抜きにしてパステルズを語ることはできない。今に至るまでスティーブン

＊Geographic：
ドミノ傘下のレーベル。正式にはGeographic Music。グラスゴーのミュージシャンを主に扱い、日本のマヘル・シャラル・ハシュ・バズ（Maher Shalal Hash Baz）とも契約。

＊53rd&3rd：
スティーブンが運営するレーベル。レーベル名はRamones（ラモーンズ）の曲名から。

がパステルズを解散せずに続けているのも、Geographicレーベルの運営が上手くいっているのも、すべてカトリーナが陰で支え続けてきたからである。

グラスゴーで生まれ育ったカトリーナはパステルズに入る以前、レーベル*Vesuviusを女手ひとつで運営し、センスを共有できる親友パット・ローリエイトとメロディー・ドッグ（Melody Dog）というユニットを組んでいた。カトリーナがギターを弾き、パットはリコーダーを吹く。カトリーナが主に歌い、そこにパットが思いつくままにコーラスをいれる。二人は遊びの延長線上のようにメロディー・ドッグの活動に楽しんで取り組んだ。部屋で鼻歌を歌うようにラフな感覚で宅録されたサウンドは、二人の他愛もないお喋りをすぐそばで聴いているような生き生きとしたものになった。

特にビーチ・ボーイズ（The Beach Boys）のカバー〝ドント・ウォーリー・ベイビー〟は今まで作られたどんなカバーよりもローファイで、舌足らずなカトリーナの歌声の純粋さが神々しいほどであった。二人はパステルズの大ファンで、グラスゴーの音楽シーンを盛り上げようと頑張るスティーブンのことを実の兄のように慕っていた。

ある時「演奏を聴いてアドバイスをして欲しい」とカトリーナがお願いすると、スティーブンは快諾してくれた。二人は緊張して胸が張り裂けそうになりながら、

*Vesuvius：
パットが運営する地元密着型のスモール・レーベル。ヤミー・ファー（The Yummy Fur）、ラングレッグ（Lung Leg）などの作品をリリース。

スティーブンの前で数曲披露する。カトリーナはスティーブンがどうリアクションをするのか不安でたまらなかった。しかし、そんな不安はすぐに解消する。カトリーナとパットが作り出す、親密で何者にも染められていない純粋なサウンドにスティーブンは太鼓判を押してくれた。彼はすぐにラフ・テープを友人であるビート・ハプニング（Beat Happening）のカルヴィン・ジョンソンに送り、Ｋレーベルからリリースしたらどうだろうかと橋渡しをしてくれた。そのおかげでリリースの話がとんとん拍子に決まり、メロディー・ドッグのファースト・シングル〝フューチュリスティック・ラバー〟がリリースされる。

技術は拙いが、彼女達のシンプルなメロディーにはどんなテクニシャンなバンドよりも胸を打つイノセントさがあった。録音の際には、ドラムにティーンエイジ・ファンクラブ（Teenage Fanclub）のフランシス・マクドナルドが参加し、スティーブンはプロデューサーとして二人をサポートしてくれた。カトリーナとパットにとって、パステルズもティーンエイジ・ファンクラブもビート・ハプニングも憧れの存在で、自分達が彼らとこうやって音楽をやれることが、ミラクルな経験で夢のようだった。〝フューチュリスティック・ラバー〟のジャケットに写る微笑んだ二人はナイーブで初々しさがあり、メロディー・ドッグのサウンドにも完璧にマッチしていた。

次のシングルではパステルズのアギーもギターとして参加し、カトリーナとアギーは仲を深めていく。今度はKレーベルではなく、ジャズ・ブッチャー（The Jazz Butcher）やスペースメン3（Spacemen 3）のメンバーとして活躍したデヴィット・E・パーカーが始めたばかりの*Seminal Twangからリリースすることになった。二人のお気に入りである〝キャシー〟をA面に入れることはすぐに決まった。しかし、オリジナル曲が少ないので選曲に行き詰まってしまう。パットとカトリーナは悩んだ末に、同じグラスゴー出身のプライマル・スクリーム（Primal Scream）の〝ムーヴィン・オン・アップ〟のカバーをやることに決める。マラカス、カウベルに加え身近にあるものを叩いてみたり、自由な発想で演奏し、けっして上手いとは言えないけれど子どもの歌声のように独特の味があるカトリーナのヴォーカルが切なくなるほどキラキラと輝いた。

周りからの評判も上々でこれからの活動にも期待が寄せられていたが、女の子の気分は変わりやすく、思ったように簡単にはいかなかった。パットはレーベル業務が忙しくなったこともあり、二人の温度差は広がっていく。それからすぐにメロディー・ドッグは解散を決めた。

スティーブンは解散の知らせを聞き、カトリーナが持つ天性の才能がこのまま埋もれてしまうのはもったいないと考えた。そしてパステルズに参加して自分と

*Seminal Twang：
ハーフ・ジャパニーズ（Half Japanese）やDaniel Johnston（ダニエル・ジョンストン）、少年ナイフなどをリリース。一部の作品はジャド・フェアーがジャケット・デザインを手がけている。

一緒に演奏をしないかとカトリーナに問いかけた。カトリーナにとってみれば十代の頃から自分にとって一番の憧れで、慣れ親しんできたバンドに自分が参加するなんて嘘のようで信じられなかった。シャイな自分でも人前で大好きな音楽を演奏できる。そんなチャンスを与えてくれたスティーブンのことを心から尊敬し、いつの間にかその気持ちは恋愛感情へと移り変わっていく。

憧れのパステルズのメンバーになったカトリーナ。彼女はドラムが不在だったためにドラムを叩くことになった。彼女は早くパステルズの一員として活躍したいという気持ちで練習に励む。

カトリーナ加入後にレコーディングされた九一年の「スルー・ユア・ハート」は彼女にとって特別な一枚となった。それに続き、「モービル・サファリ」をリリース。アギーとスティーブンとカトリーナの三人がいいバランスでお互いを刺激し合う作品となる。それから間を空けずに「イルミネーション」を発表。パステルズはカトリーナが入ってから、活発にアルバム制作やツアーに取り組んでいた。

スティーブンとカトリーナは*Dominoレーベルの傘下でGeographicをスタートさせ、すべてが順風満帆のように思えた。しかし、アギーが結婚をきっかけにバンドを脱退すると決めたことで活動ペースは再び速度を落としていく。スティーブン、カトリーナの二人体制になってからもオファーは絶えることなく、パルプ（Pulp）のジャー

*テニスコーツ（Tenniscoats）：
さや、植野隆司によるユニット。マヘルの工藤冬里を介してパステルズに出会い、2009年には共作で「トゥー・サンセッツ」をドミノからリリースした。

*Domino：
93年、ロンドンを拠点にローレンス・ベルとジャック・ライスにより設立されたレーベル。初めはSub Popレーベルの作品をライセンスで取り扱っていた。

ヴィス・コッカーや、日本の*テニスコーツ(Tenniscoats)とコラボレーションする。しかし、パステルズとしてのアルバムは久しく発表されず、活動休止の状態が長く続いた。

その間カトリーナは*ビル・ウェルズ・トリオ(Bill Wells Trio)などグラスゴーのミュージシャンの作品に友情出演し、その活動を楽しんでいた。そして*モノで働くスティーブンをさりげなく支えることが彼女の生き甲斐となっていく。

そんな穏やかな日々がしばらく続き、二人の絆は年月を重ねるごとに強くなっていった。カトリーナは心のどこかで、いつかまたパステルズとして作品を発表したいと考えるようになる。彼女はスティーブンが活動を再開したいと言う時を心待ちにしていた。

カトリーナの想いが通じたのか、パステルズは十六年ぶりにアルバム「スロウ・サミット」を発表し、それはまるで二人の間に生まれた子どものような作品となった。カトリーナにとってスティーブンは兄のようであり、音楽の大先生であり、愛しい恋人としても完璧な存在となっていた。

写真の中でスティーブンの一歩後ろではにかむカトリーナの表情は、二〇年近く経った今と比較しても一見変わらないようにも思える。しかしその表情は以前に増して穏やかで、慈悲深い。本当に好きな音楽を曲げることなく突き詰め、大切なパートナーと長い時間をかけて築きあげてきたものへの愛情、それがカトリーナから醸し出されている。

*モノ(Mono):
スティーブンが働く「モノレール・レコーズ」も併設されたライブハウス&カフェ。

*ビル・ウェルズ・トリオ(Bill Wells Trio):
ジャズ系のピアニストとしてグラスゴーで活躍。アルバム「オールソー・イン・ホワイト」にはカトリーナをはじめとするグラスゴーのミュージシャンが多数参加している。

Rose Melberg , Debsey Wykes , Tracey Thorn , Cassie Ramone , Pam Berry , Roxanne Clifford , Isobel Campbell , Eddie Reader , Zooey Deschanel , Frances Mckee , Charlotte Gainsbourg , Katrina Mitchell , Linder Sterling , Allison Statton , Tennessee Thomas , Kirsty Maccoll , Cristina ,

Eighteen
female musicians'

her Style

18人のフィメール・ミュージシャン
それぞれのスタイル

Illustration by moko.

80年代に流行したスパイキーな
ショート・バングスがトレイシーの
チャームポイント。

TRACEY THORN

Marine Girls / Everything But The Girl

襟のあるメンズ・シャツなど、シンプルなマニッシュ・スタイルが似合うトレイシー。ヘアー・スタイルは基本ショートで、マリン・ガールズ時代はカーリーヘアーだったが、EBTG時代にはストレート・パーマをあててシャープなイメージに。そこに加えるのはヴィヴィッドな赤い口紅。そのスタイルは80年代以降、トレイシーのトレード・マークになっている。

基本ノーメイクで目の下にはクマ。
シャワーを浴びるのが嫌いなので、
髪の毛は自然にくたっとまとまっている。

her Style

着古したクタクタのネルシャツからのぞくのは、ハンバーガーやラモーンズ、パイナップルなどキュートなモチーフのタトゥー。スカートはめったに履かず、基本はスキニーのジーンズ。スニーカーやヴィンテージ・ショップで購入したローファーなどを合わせる。

CASSIE RAMONE

Vivian Girls

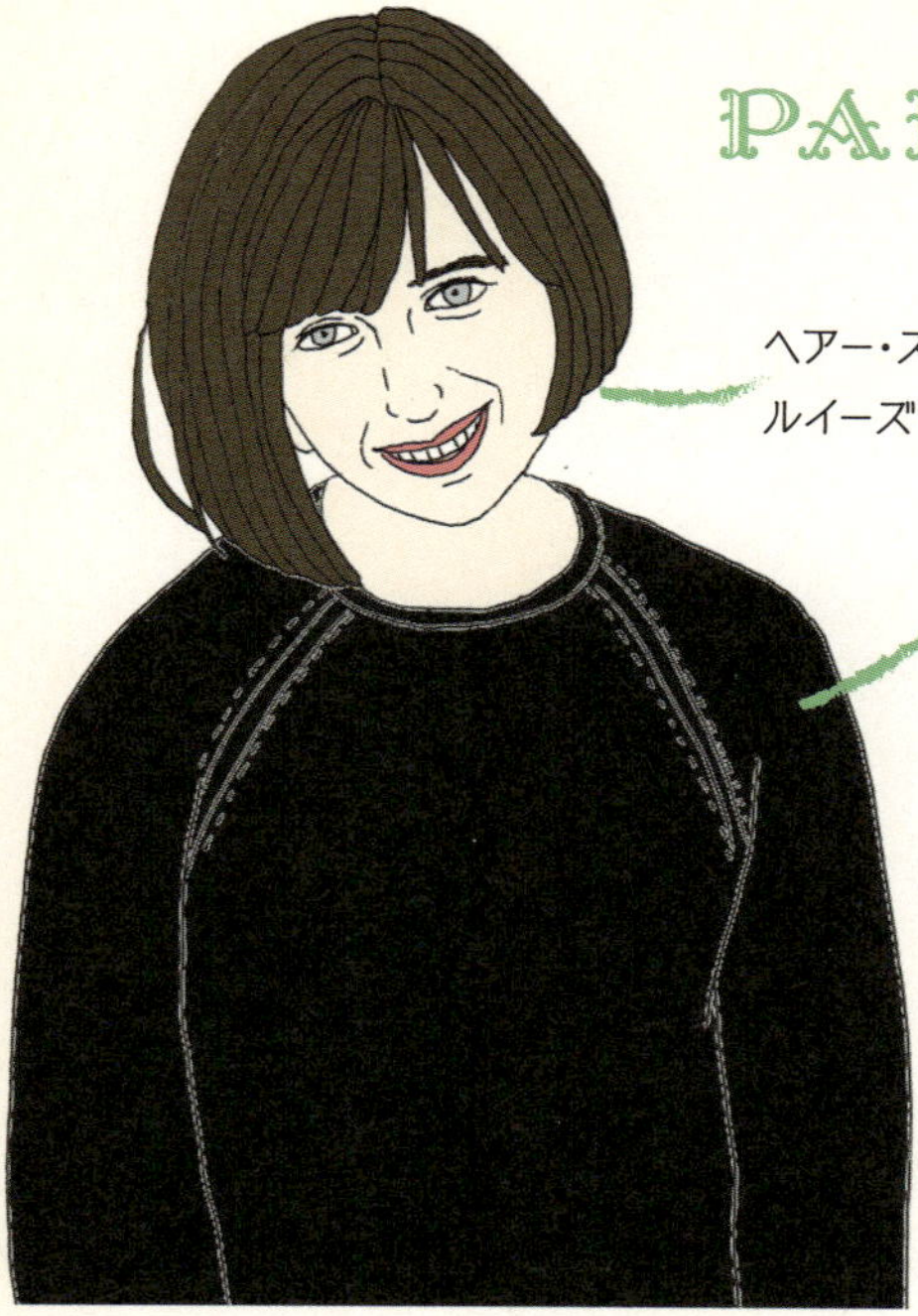

PAMELA BERRY

The Black Tambourine

ヘアー・スタイルはフラッパーな映画女優
ルイーズ・ブラックのボブ・スタイルを継承。

どんな時も全身真っ黒のスタイルで、体型が出るようなぴっちりとした洋服は基本的には着ない。子ども達にお手製の洋服を着せたり、マリメッコのような北欧のテキスタイルを使ってバッグを作ったりと手先がとても器用。週末になると「CRAFT HO!」という名義でブリクストンのマーケットにも出店している。顔の造作がそっくりな娘二人のママ。

ブルネットの地毛をワンレンで
前髪のようにたらすのが、
ロクサンヌの定番ヘアー・スタイル。

ブラック、もしくはレッドのワンピースやシャツ、ステージの上ではブラックの スカートにブラックのタイツを合わせるゴシックなファッションがお気に入り。上に羽織るのはデニムのジャンパー。冬になると探偵風のケープを取り入れる。趣味はカメラなどの機械。
好きな小説は
“The Price of Salt” BY Patricia Highsmith
“Leviathan - BY Paul Auster
“The Collecter” BY John Fowles

ROXANNE CLIFORD

Veronica Falls

ISOBEL CAMPBELL

Belle and Sebastian

her Style

ゴダールの映画から飛び出してきたような、クラシックなセシル・カットが彼女のベスト・ヘアー・スタイル。くっきりとした顔立ちで、ブルーの瞳には憂いが感じられる。ボーダーやスクール・ガール風などプレッピーなファッションが好きで、ベルセバ時代はよくツインテールやポニーテールに、シャツとネクタイをあわせていたのが印象的。年齢を重ねるごとにシンプルなヌーベルバーグ風のスタイルよりも、音楽的な影響を感じるカントリー風のガーリーなワンピースを好むように。

フラワー柄などロマンチックな要素を加えるのがポイント。

真っ赤なジンジャー・ヘアーは天然のクセを生かしたウェーブ・スタイルに。ベレー帽やサングラス、ブローチなど小物を使って遊ぶのがエディー流。おばあちゃんみたいなヴィンテージのクラシックなワンピース・ドレスに、タイツとストラップシューズ、くたっとしたコートを羽織ってドレスダウンすることで甘過ぎないファッションに仕上げる。お転婆で悪戯好きなエディーならではの個性的なファッション・スタイル。

EDDI READER

Fairground Attraction

ZOOEY DECHANEL

She & Him

流行に流されることなく、miu miu、kate spadeなどガーリーなファッションをこよなく愛する。レッド・カーペットでも他のハリウッド女優のようにきらびやかなドレススタイルは稀。上品でガーリーなワンピース・ドレスにタイツやフラット・シューズを合わせて、セクシーになりすぎないようにするのがゾーイ流。子鹿のような潤んだ瞳を強調するためにアイメイクを強調し、他は基本的にシンプルに仕上げる。リボンやフラワーなど女の子らしいものをファッションに取り入れるのが得意で、トゥーマッチにならないようにバランスをとることを大切にしている。

FRANCES MCKEE

The Vaselines

デビュー当時はアンティークの壁紙のような小花柄のシャツにシンプルなスカートを合わせたり、ボーダー＋カーディガン＋スカートが定番だったフランシス。ヨガに目覚めてからはシンプルで動きやすい洋服を選ぶように。再びステージに立つようになってからは、ガーリーなヴィンテージ・ファッションに身を包む。特徴的な顔立ちで、メイクはほとんどしないナチュラル派。グラスゴーの凍える冬を越すためにブラック・レザーのジャケットは必需品。

CHAROLLTE GAINSBOUR

「なまいきシャルロット」の衣装担当だったジャクリーヌ・ブシャールのおかげで古着に開眼。15歳の頃には週末にクリニャンクールのノミ市へ出かけては、白いブラウスなど40年代のファッションを自分のスタイルにしていた。

バーバリーのレイン・コートとベルボトムのジーンズに古いブーツを履くスタイルを3年間、毎日続けるなど一度気に入るとそれをずっと続けてしまう傾向がある。

レザー・ジャケットにスキニーパンツなど、大人になるにつれてシンプルに。ジュエリーなどのアクセサリー類はあまり身に付けず、夫のイヴァンにプレゼントされた腕時計と、彼女が尊敬する映画監督のクロード・ベリから贈られたダイヤモンドのペンダントのみを取り入れるのがこだわり。

レザー・ジャケットにスキニーで
モノトーンにもこだわる。

知的な印象を与える
黒ブチ眼鏡。

ROSE MELBURG

Go Sailor / The Softies

近眼のため黒ブチ眼鏡が欠かせないローズ。それを生かしたインテリジェンスなスタイルを作り出すのが得意。シンプルなアイテムでもレッドやパープル、グリーンなど発色の良いカラー使いにスカーフやマフラーなど小物を取り入れることで、ポップでキュートな印象に。前髪のあるボブ・スタイルがローズの定番で、Tiger Trap時代から今に至るまで、ほぼ同じヘアー・スタイルを貫き通している。

KATRINA MITCHELL

The Pastels

カトリーナの魅力は、その飾らない自然なスタイル。小さな頃から愛用しているタオルケットのように、くたっとした着心地の良いトレーナーをいくつか持っているのでそれを着回す（グラスゴーで可愛い服を探すのは一苦労だからシンプルな格好に落ち着くという説も）。まっすぐに伸びた綺麗な髪の毛を顔にたらし、アンニュイなムードを作り出している。基本的に身体の線が出るような服装はせず、リラックスして過ごせるゆったりとしたラインの服が好き。

ゆるっとした服装で
ファッション性よりも、
着心地を重視。

her Style

アイラインと口紅でエキセントリックな
顔を作り出すところがアーティスティック！

LINDER STERING

Ludus

一般の人にはなかなか着こなせない前衛的なドレスも、リンダーならば難なく着こなすことができる。それは彼女が芯の強い女性で、たとえどんな個性的な洋服を着たとしてもぶれることがないから。ごちゃごちゃしたものよりも、シンプルでどこか棘があるシックなドレスを好んで着る。
彼女にとって口紅は欠かせないもので、レッドやパープルなどインパクトのあるカラーを足すことによって、モノトーンのファッションをより鋭くクールな印象に仕上げている。

少女の面影を残す、リボンでまとめた
ポニーテールはアリソンのチャーム・ポイント。

her Style

ALISON STATTON

Young Marble Giants / Weekend

輪郭が丸く、幼い表情のアリソンは実年齢よりも若く見られがち。そこで取り入れたのが淑女の風格がただようブラックのワンピース・ドレス。Young Marble Giantsのサウンドを彼女なりにファッションでも表現している。
ステージの上ではヴィンテージの花柄ワンピースやスカートを取り入れたロマンチックなスタイルが好き。

イギリスに生まれながらもボーダーやミニのワンピースなど、フレンチなテイストを取り入れたファッションが好き。背が高く、短く切りそろえた髪型が男性的でありながらステージの上では絶対にスカートを履くことを決めているアメリア。その中でもワンピース＋カーディガン＋タイツがアメリアの定番スタイル。Talulah Gosh 時代には髪をブリーチしてブロンドにしていた時期も。
デビューから30年立ってもほとんど変わらない愛くるしいルックスの持ち主。

40代でもこの丈の
スカートを着こなせる、
ナイス・スタイル！

AMELIA FLETCHER

Talulah Gosh / Heavenly

TENNESSEE THOMAS

The Like

切りそろえられた
バングスは60'Sな
スタイルにマスト!

アレクサ・チャンと共にニューヨークのパーティーには欠かせないお洒落番長であるテネシー。
彼女が得意とするのは、マリアンヌ・フェイスフルやジェーン・バーキンのようなロマンチックでガーリーなワンピース・スタイル。ビーハイブなヘアー・スタイルにミニのワンピースなどShangli-lasやRonettesのようなガールズ・グループを彷彿させる着こなしに、ギークな眼鏡やハズしの小物を加えることで今風に。ヴィヴィッドなピンクやレッドの口紅をアクセントに使うのが彼女の定番。

仲良しのゾーイ・デシャネル同様、
ワンピースに合わせるのはタイツが鉄則。

KIRSTY MACCOLL

目の周りをアイラインで黒く囲み、細くつり上がったアイブロウで、「強い女」のイメージを作り出していたカースティー。実際は面倒見のいい姉御肌な性格で人気者。
パンク・シーンで育ち、デビュー当時はレザーのジャケット&パンツを愛用。曲のムードによってファッションも変え、カントリーやコンサバチックなスタイルにも挑戦していた。
チャームポイントは一度見たら忘れられない意志の強い瞳。

レザー・ジャケットも
ピンクのカラーを選ぶことで
ハードになりすぎず、ポップな印象に。

CRISTINA MONET≈PALACI

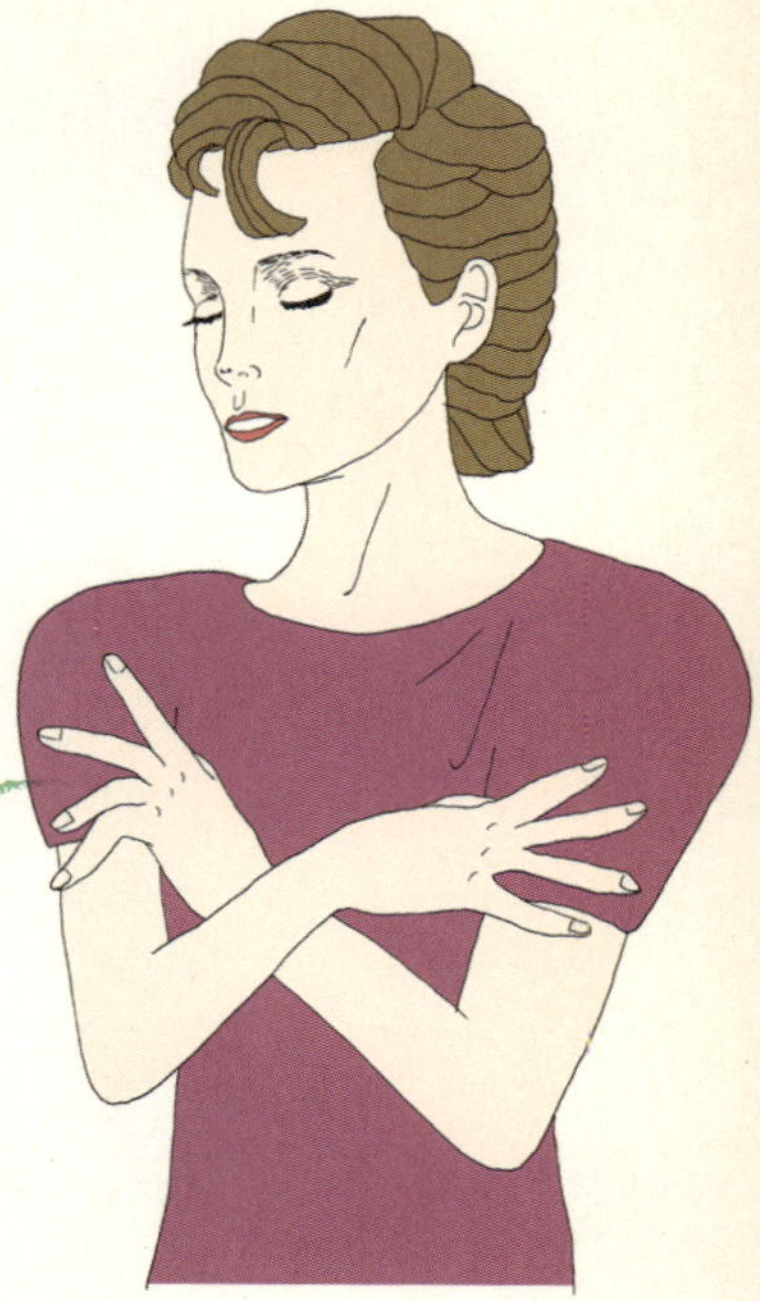

生まれながらにして小悪魔なクリスティーナ。
チュチュやボディーコンシャスなミニドレスなどセクシーなファッションに身を包み、ロリータ・ヴォイスでささやけば周りの男性達をメロメロにしてしまう。芸術的であれば下着姿になるのもいとわない大胆不敵な性格。ファンキーで退廃的なムードを、メイクやファッションなどトータルで表現し"Cristina"を演じている。

ショッキング・ピンクのスリムなミニドレスをセクシーかつキュートに着こなす天性のファムファタール。

her Style

ベルベット素材の襟付きドレスなどクラシックなデザインを好んだDolly Mixture時代。

DEBSEY WYKES

Dolly Mixture

170cmを超える長身で手足もすらっと長く、スタイル抜群。

精神はパンクでサバサバとした男らしい性格だけど、それとは真逆のガーリーなファッションが好き。Dolly Mixtureの三人でお揃いのベレー帽をかぶったり、ロンドンでの貧乏暮らしの時も チープな古着を上手に取り入れて着こなしていた。

Saint Etienne、Birdie時代には以前のガーリー路線からシンプルで大人なイメージに転身。

鼻筋がすっと通った顔立ちを生かしたショートヘアがデブシーの定番のヘアー・スタイルになっている。

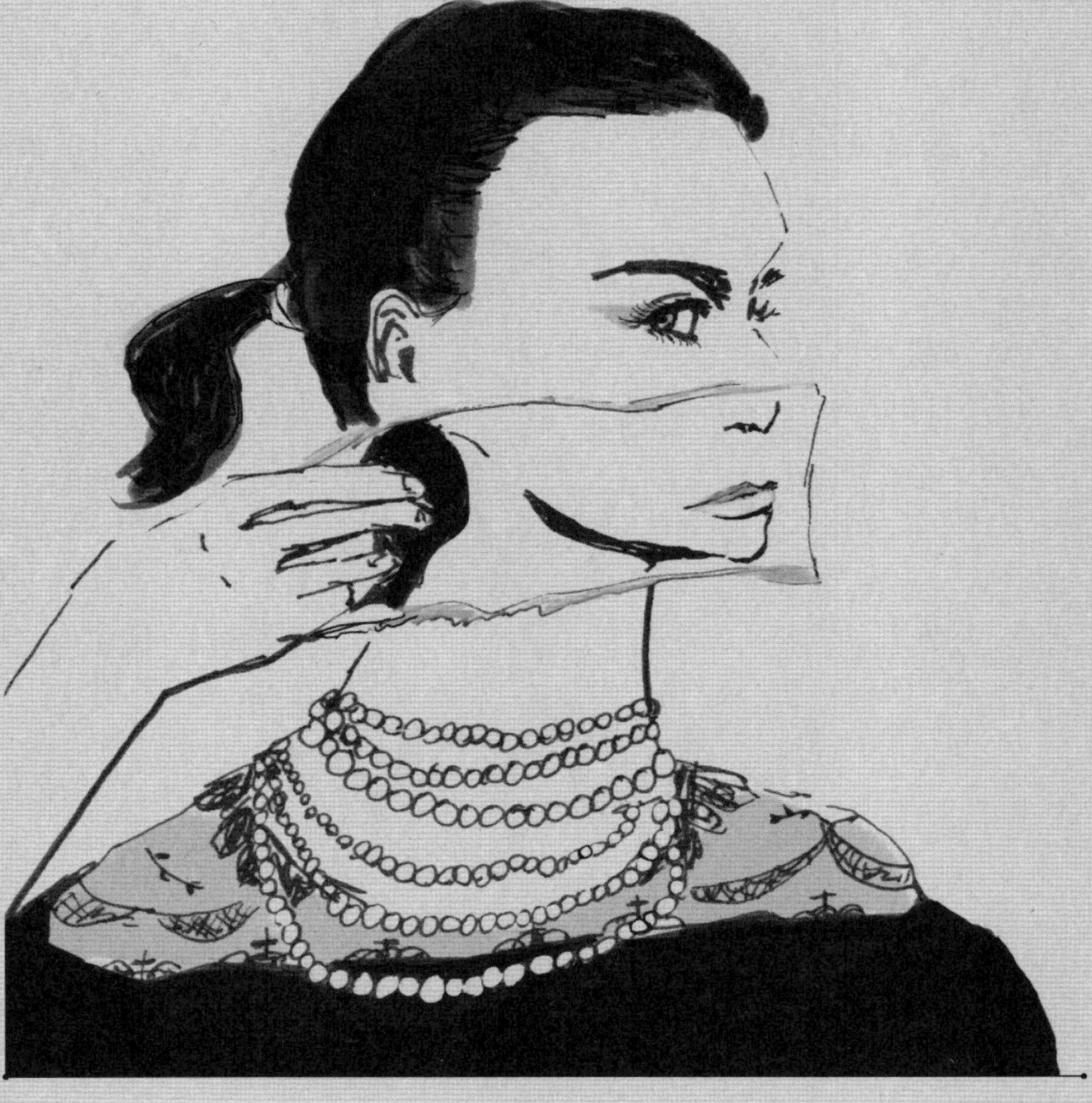

Linder Sterling

リンダー・スターリング (Ludus)

――アートに生きたポストパンクの女王

物議を醸したレディー・ガガの生肉ドレス。彼女のエキセントリックな衣装はいつも話題になるが、この生肉ドレスにはオリジネーターが存在する。芸術家として、ポストパンク界の女王として君臨したリンダー・スターリングがその人である。

彼女は「男の目に映る女のままでいることに抵抗するため」に八二年に生肉のドレスを身に纏った。彼女の作品、そして生き方自体がパンクであり、人の意表を突く卓越したセンスを持った女性だった。あの気難しい*モリッシーでさえも彼女の前では十代の少年に戻ってしまう特別な存在である。

本名リンダ・マルベリー。ビートルズ(The Beatles)を生み出した港町リバプールで、彼女は一九五四年に誕生する。幼い頃からアートに夢中だったリンダーは、十九歳になるとイギリスの中でも有数の国立大学であるマンチェスター・メトロポリタン大学に入学し、そこでアートを専攻する。大学に入り、課題をこなしていく日々の中で、彼女は絵を描くことが退屈だと感じるようになった。今まで身につ

*モリッシー(Morrissey):スミスのヴォーカルとしてカリスマに。現在はソロ・ミュージシャンとして活動している。菜食主義者としても有名。スミスの歌詞はモリッシーによるもので、サッチャー政権下の若者達から強く支持された。

けてきた絵の才能をすべて過去のものとして葬り、彼女はコラージュ作品を生み出すことに没頭する。

在学期間中に彼女は、一つ年上で音楽ジャーナリストを志していたジョン・サヴェージに出会う。音楽の趣味が似ていた二人はすぐに親友になった。ジョンは文章を、彼女はコラージュ作品を持ち寄り、地元のパンク・シーンと連動したファンジン「シークレット・パブリック」の発行を始動させた。

彼女のコラージュ作品には一九二〇年代にベルリンで流行したダダイズムの作家*ハンナ・ホッチを彷彿とさせるシュールさがあった。モノクロの女性の写真に鮮やかなルージュの口紅が塗られた唇を貼り付けたり、顔の写真の上に別の顔のパーツを重ね合わせる。女性のヌード写真の頭をカメラやテレビなどの電化製品に付け替えた作品達には奇想天外で退廃的な美しさがかね備えられていた。

リンダーの存在を多くの人に知らしめたのはバズコックス(Buzzcocks)の〝オーガズム・アディクト〟のジャケットである。リンダーは*アルゴスのチラシのアイロンを、フランスの雑誌「フォト」から切り取った女性のヌード写真の頭の上に、乳首の部分には半開きの女性の唇を上から重ねた。そのコラージュをデザイナーのマルコム・ギャレットがブルー一色に変換しジャケットに使用したのだ。神秘的かつエロティックな女性の身体に惹かれた彼女は、日常に溢れた無機質な

*アルゴス(Argos):
大型生活用品店。比較的値段も安く、生活に必要な物は大体揃っている。

*ハンナ・ホッチ
(Hannah Höch):
ベルリン前衛芸術のメンバーの一人。ダダイズム、シュールレアリスムから影響を受け、写真を部分的な要素として引用するフォトモンタージュの先駆者。

ものと女性の身体をジグソー・パズルのように組み合わせていくことに没頭していった。

学生時代、彼女はマンチェスター近郊のホエーリー地区にあるボヘミアン達が集まるシェアハウスに移り住む。そこでコラージュなどの創作活動にいそしんだ。聡明で行動力があり、媚びないサバサバとした性格。それに加え、はっとするような美貌の持ち主だったリンダーを周りの男性達も放っておかなかった。その男性陣の中で彼女を射止めたのはハワード・デヴォート。彼はマンチェスターのパンク・シーンから生まれたバズコックスの初期メンバーだった。同じバンドに所属するピート・シェリーもリンダーを狙っていた一人で〝ワット・ドゥー・アイ・ゲット〟では彼女に対する報われない恋愛感情を歌っている。

リンダーに憧れていた人物でもっとも有名なのはスミス（The Smiths）のモリッシーだ。彼女より5つ年下のモリッシーは姉のように彼女を慕い、そのシェアハウスに足繁く通っていた。二人は姉弟のようだった。マンチェスターの南にある共同墓地を、お互いが夢中になっている本の話や、イギリスを取り巻く女性を軽視する風潮について意見を交わしながら歩き回る。後にモリッシーはその思い出を〝セメトリー・ゲイツ〟の中で歌っている。

彼氏のハワードは大学に復帰するためにバズコックスを脱退。大学卒業後には

＊アーサー・カドモン（Arthur Cadmon）：
本名ピート・サドラー、ルダスのブレインであり、ギタリストだった。1年あまりでバンドを脱退するが、その後もディストラクションズ（The Distractions）に参加し、フォール（The Fall）ともコラボレーションした。脳卒中を起こしたが、現在でも音楽活動は続けている。

＊マガジン（Magazine）：
エッジの効いたメロディアスなサウンドとハワード・ディヴォートらしい辛辣で文学的な歌詞が特徴。商業的成功を得られなかったが、評論家からの受けは良かった。

*マガジン（Magazine）を結成し、その後ソロとしても活躍するようになる。ハワードはいつもリンダーの存在を意識していた。彼女のことを題材にした曲を作り、その素晴らしさを讃えることも多かった。リンダー自身アーティストでありながら、周りにインスピレーションを与える創作の女神でもあった。

「周りの皆が音楽をやっていたから、自分も自然とその流れに乗ったの。」

リンダーが核となり集まったウィリー・トロッター、*アーサー・カドモン、伝説のローカルバンド、ノーズブリーズ（The Nosebreeze）のドラマーだった*トビー・トマノフの４人で七八年にルダス（Ludus）を結成。バンド結成から数ヶ月後という異例の早さで*ファクトリーで*ポップ・グループ（Pop Group）のライブの前座に抜擢された。同じ年の十二月にはハワードがプロデューサーとなり、初めてのデモをスタジオで録音。実験的で前のめりなポストパンクのリズムにヨーロッパ独特の退廃的ムードを加えたスリリングなサウンドに対して、ＮＭＥなどのメディアも始めは良心的だった。

カドモンが脱退し、代わりに*イアン・ディヴァインが加入し、バズコックスのマネージャー、リチャード・ブーンが立ち上げたレーベル、New Hormonesから作品をリリースするためにスタジオに入り八十年に「ザ・ヴィジット」を発表する。

＊トビー・トマノフ
(Philip “Toby” Tolman)：
マンチェスター出身のドラマー。ドゥルッティ・コラムにも一時所属。ルダスを脱退してからプライマル・スクリームに加入し、「スクリーマデリカ」などのヒット作に貢献した。

＊ファクトリー(Factory)：
マンチェスターで78年に設立したレーベル。音楽番組で司会をつとめていたトニー・ウィルソンらによって設立され、ジョイ・ディヴィジョンやニュー・オーダー、ハッピー・マンデーズを生み出す。82年にはマンチェスターの中心近くにハシエンダというナイトクラブをオープンし、旬のバンドたちが出演した。ファクトリーを題材にした映画「24アワー・パーティー・ピープル」も後に制作された。

＊ポップ・グループ
(Pop Group)：
ブリストル出身のポストパンク・バンド。ダブやフリージャズを取り入れた尖ったサウンドでデビュー・アルバム「Y」は名盤として語り継がれている。81年に解散したが、2010年に再結成した。

＊イアン・ディヴァイン
(Ian Devine)：
ルダスのギタリスト。ヤング・マーブル・ジャイアンツのアリソンと出会い、ディヴァイン・アンド・スタットン(Devine&Statton)を結成。

誰にもコントロールされない、リンダーの自由で独創的なサウンドはライブで発揮された。ジャズ、ファンク、パンクが混ざり合った〝マイ・シェリー・イズ・シェリー〟のアヴァンギャルドな展開をジャーナリスト達は絶賛。しかしセールス面では成功とは言い難い結果だった。ハワードの紹介でヴァージンと契約の話もあったが、結果が出せなかったために、その希望の光も立ち消えてしまう。ルダスを評価してくれたのはイギリスではなくフランスやベルギーのリスナーだった。ベルギーのCrépusculeからの誘いに乗り、海を渡った。二人はアパートをシェアしながら長期に渡ってレコーディングに臨んだにもかかわらず、創作の神様は降りてこなかった。プロデューサーのアラン・ランキンへの不信感も募り、ルダスは終焉を迎えた。その終わりはなんともあっけないものだった。

こうした辛い経験もあり、リンダーは音楽ではなく視覚芸術やパフォーミング・アートの方面へとシフトしていった。今ではその実力が認められイギリス現代アートの重鎮に君臨している。

始まりはあのホエーリーのシェアハウス。リンダーは音楽を通じてたくさんのことを学んだ。その経験を軸とし、女性として生きる辛さ、そして素晴らしさをコラージュ、自身の身体、声、あらゆる手段を使い表現し続けている。退屈なものが嫌いなリンダーの好奇心は、この先も尽きることがなさそうだ。

Alison Statton

Young Marble Giants,
Weekend

アリソン・スタットン（Young Marble Giants/Weekend）

——奇妙な三角関係の中で翻弄された歌姫

音楽を始めるきっかけは人それぞれに違う。その道に進むために必死で努力をし、それでもその夢を掴めない者もいる。歌手になろうと思ったこともなければ、特別な練習をしたこともない。アリソン・スタットンは川の水のように、音楽へと流れ着いた。

ロンドンの北西に位置するウェールズの首都カーディフ。自然に囲まれ、独自の言語が存在する歴史ある街として知られる場所でアリソンは生まれ育った。小さな頃から引っ込み思案で口数が少なかった。彼女はボーイフレンドのフィリップ・モクサムの隣でただ優しく微笑んでいるような女の子だった。看護学校の学生として将来は看護師になることを夢見ていたアリソン。しかし地元でバンド活動をしていたフィリップに誘われ、彼女は歌い始める。将来の夢を抱え、片手間で始めた音楽活動が彼女の人生を大きく変えていく。

アリソンのボーイフレンド、フィリップは幼い頃から兄スチュアートを他の誰よりも慕い、兄弟の絆は強く、二人はいつも行動を共にしていた。七四年に発表

された*ブライアン・イーノの「テイキング・タイガー・マウンテン（バイ・ストラテジー）」に収録された曲名から名付けられた地元のカバー・バンド、トゥルー・ウィール（True Wheel）に熱狂的なイーノ・ファンだったスチュアートが入り、兄の後を追いフィリップもそのバンドの一員となった。楽器も歌も未経験だったアリソンは、彼氏も一緒だからという理由だけで練習に参加するようになっていった。地元のパブなどで演奏を披露することも数回あったが、カバー・バンドとしての音楽性に限界が来るのは目に見えていた。作品も発表することなく、二年足らずでトゥルー・ウィールはその活動にピリオドを打つ。

トゥルー・ウィールが解散してすぐにスチュアートはソロ活動をスタート。そして弟を巻き込んでモクサム兄弟として録音をし、シングルとして発表した。しかし完成した曲に納得がいかず試行錯誤しているうちに、フィリップにアリソンに歌わせてみたらどうだろうかというアイデアが浮かんだ。その案にスチュアートはあまり乗り気ではなかったが、解決策を必要としていた二人はその計画を進めることにした。アリソンの歌はけっして上手いとは言えず、ふわりと宙に浮かぶように不安定だった。しかしその歌声はモクサム兄弟の曲に欠けたパズルのピースのようにピタリとはまった。こうしてヤング・マーブル・ジャイアンツ（Young Marble Giants）の奇妙で輝かしい物語が始まった。バンドが結成されたのは七八年。

*ブライアン・イーノ（Brian Eno）：
初期ロキシー・ミュージックのメンバー。デヴィット・ボウイやトーキン・ヘッズともコラボレーションし、ミュージシャンの枠にはまらない、自由で実験的な活動をしている。

海を渡ったニューヨークでは*テレヴィジョン（Television）、*トーキング・ヘッズ（Talking Heads）といったニューウエーブ・バンドが台頭し、イギリスではノーウエーブ、ポストパンクが流行の最先端として注目され始めた時期だった。その波はカーディフにも小さな波として押し寄せていた。商業都市であるカーディフでは大衆向けのロックバンドが大半を占め、その中でヤング・マーブル・ジャイアンツは浮いた存在だった。初めてのライブではベース、ギター、アリソンのヴォーカルに加えステージにカシオのテーププレイヤーが乗せられていた。プレイヤーから流れるモノ・カセットの不思議なリズムに合わせて演奏し、曲が終わるごとにフィルは膝でストップ・ボタンを押す。淡々と続く彼らのライブは強烈な印象を残していった。四人目のメンバーとされるピートはモクサム兄弟の従兄弟だ。ピートは電気技師である技術を生かし、電話機などを改造してリズム・マシーンを手作りし、彼らのライブは以前よりも少しだけハイテクになった。

同じような音楽を志すバンド達が集まる地元のカフェ・バー「グラス・ルーツ」ではコンピレーション・アルバム「イズ・ザ・ワー・オーバー？」が制作され、アリソン達も二曲提供している。アリソンは学業と音楽活動を両立するのに必死だった。何かが始まろうとしている空気を感じながらも、まだ自分がバンドをやっている実感はわいてこなかった。

*トーキング・ヘッズ（Talking Heads）：
74年に結成。メンバーが名門美術学校出身だったため「インテリバンド」と呼ばれ、ニューヨークのニューウェーブシーンを支えた。デヴィット・バーンのステージでのパフォーマンスで話題に。代表曲"サイコ・キラー"。

*テレヴィジョン（Television）：
73年に結成。ニューヨークのパンクロック、ニューウェーブ・ムーブメントにおいて独自のカラーを打ち出した。代表作に「マーキー・ムーン」がある。

ドラムの代わりにリズムボックスを使い、ひしゃげたギターとベースだけのスカスカな音が生み出す残響音。そこにアリソンの声が加わることで不思議と爽やかな風が吹く。それはカーディフの港に吹く初夏の風のような爽やかさだった。Rough Trade レーベルはその音源を聴いて即座にアルバム制作の話を持ちかける。ヤング・マーブル・ジャイアンツの三人はその急展開に戸惑いながらも、自分達の作品を憧れのレーベルから出せるチャンスを手に入れたことに歓喜した。

彼らの初めてのアルバム「コロッサル・ユース」はたったの五日間でレコーディングされた。アルバムは、*サッチャー政治、ロシアとの冷戦など、若者が政治に希望を見いだせない空虚なムードを反映しており、それが不思議とサウンドに溶け込んだものとなった。彼らのサウンドはニューウェーブやポストパンクの系譜で語られながらも異質で斬新で、通常は冷ややかなイギリスの音楽メディアからも熱く迎えられた。

たった一枚のアルバムで地元カーディフのヒーローとなり、その中でも紅一点であるアリソンは、そのあどけない表情、花柄のワンピースにくるぶし丈の靴下を合わせる外見の印象も含め「ぞっとするほどに純真」と批評家に絶賛された。しかし、アリソンの飛び抜けた評価がバンド間の空気を不穏にさせる原因となってしまった。

＊サッチャー政治：
通称サッチャリズム。マーガレット・サッチャー政権により推し進められた経済政策。不況の長期化、企業淘汰により大勢の失業者が生まれた。

そもそもバンドが始まった当初から、スチュアートはアリソンがバンドに不必要な存在だとレッテルを貼っていた。フィリップのガールフレンドであるアリソンの意見などまったく求めていなかったのだ。作曲やアレンジ、バンドの運営はスチュアートによるものだったためにバンドのすべての決定権は彼の手にあった。

そんな状況のなかでおこなわれたアメリカの西海岸、東海岸でのツアー中に、ギリギリのバランスで成り立っていた三角関係が崩れてしまう。アリソンはステージに立つたびにスチュアートの歓迎していない視線を感じながら、不信感と疑問を募らせていく。そのストレスが彼女の身体を蝕み、イギリスに帰国するとすぐにフィリップとの関係を終わらせた。彼女は傷付いた心と身体の不調を癒すためにモクサム兄弟との距離を置いた。それが彼女にとって一番の薬となった。アリソンの脱退によりヤング・マーブル・ジャイアンツは惜しまれながらも短い活動に終止符を打つことになる。解散へと導いたツアーの前にリリースされたシングルのタイトルが〝ファイナル・デイ〟だったことは偶然なのか必然なのか。真相は謎に包まれたまま、時間だけが過ぎていった。

三人の関係は月日が経ってもなかなか修復されることはなかった。解散から数年後に雑誌NMEの「八〇年代の偉大な女性ミュージシャン」という特集の中でアリソンが選ばれ、それについてスチュアートがコメントを求められた時も「彼女は歌い手なんかじゃないよ。たまたま歌う機会が与えられただけであって、本当のヴォーカリストであればもっとコントロールしながら歌えるはずだよ。」と答えている。スチュアートはアリソンに対する世間の評価が過大評価だとする意見をけっして曲げなかった。モクサム兄弟はギスト（The Gist）として活動を始め、一方アリソンも違う計画で音楽に関わろうと考えていた。彼女はただヴォーカルとしてバンドに起用されることは望まず、自らが作曲や演奏に関わることのできるバンドを求めていた。そのためにベースを習得し、友人のスパイク、ジャズ・ギターを得意とするサイモン・ブースと共にジャズやアコースティックサウンドを取り入れたウィークエンド（Weekend）を結成した。そのバンドではシングル三枚、アルバム一枚、*キース・ティペットをゲストに迎え、ライブアルバム一枚を残した。〝ザ・ヴュー・フロム・ハー・ルーム〟では穏やかなジャズの音色に軽やかなアリソンの声が重なり、日常の繰り返しの中に訪れる、美しく儚い煌めきが封じ込められている。友人の*ウェンディ・スミスが手がけたヴィヴィットさと淡さが混じり合ったイラストレーションがジャズやボサノバにイギリスの伝統が混ざり合ったサウンドを完璧にとらえ、ウィークエンドの洗練されたイメージに華を添えた。

　アリソンは年齢を重ねていくことでより一層ミュージシャンとしてのアイデン

＊ウェンディ・スミス（Wendy Smith）：アルバム「コロッサル・ユース」のジャケットの写真も手がけ、後年にはマグネティック・フィールズ（Magnetic Fields）のジャケットのイラストも手がける。プリファブ・スプラウト（Prefab Sprout）のウェンディ・スミスと混同されがちだが、二人は別人物である。

＊キース・ティペット（Keith Tippett）：英国ジャズを代表するピアニスト。キング・クリムゾン（King Crimson）などにも影響を与えた。

ティティを強めていった。個性の強い*イアン・ディヴァインと組み、ベルギーのCrépusculeから作品を発表した。そのデュオも長くは続かず、ユニットを解消してからは再びスパイクと手を取り「ウィークエンド・イン・ウェールズ」を発表した。十年というブランクを感じさせない息の合ったサウンドは、復活を待ち望んだファンを歓喜させた。

長い歳月が必要であったが、それぞれが大人になったことでヤング・マーブル・ジャイアンツ期のことも水に流せるようになった。あの唯一のアルバムから二七年ぶりに、ウェールズのフェスティバルで彼らは再び同じステージに立つことになった。その二年後にも*ATPで「コロッサル・ユース」を再現するために三人は集まった。当時、三人の間にあったわだかまりは少しずつ薄まっていき、スチュアートがアリソンを見つめる瞳には彼女に対する愛情も見て取れる。あの不安げで幼かったアリソンの顔には貫禄さえうかがえるようになった。

アリソンが音楽を始めるきっかけは、ボーイフレンドが音楽をやっていたからという他愛ないものだった。少しずつ成長した彼女の音楽に対する情熱は、静かに打ち寄せる小さな波のようでありながら、その波は途絶えることなく、彼女が命を絶つ時まで永遠と続いていく。その真実に気づくまでに紆余曲折あったが、音楽はアリソンにアイデンティティを与えてくれる素晴らしい宝物となった。

*ATP:
オール・トゥモローズ・パーティーズ(All Tomorrow's Parties)の略。毎回1アーティスト/グループがキュレーターとしてラインナップを選出するというユニークなスタイル。スポンサーなど大手企業の介入をシャットアウトしたインディペンデントなフェスティバル。

*イアン・ディヴァイン:
リンダー・スターリング(P.129参照)。

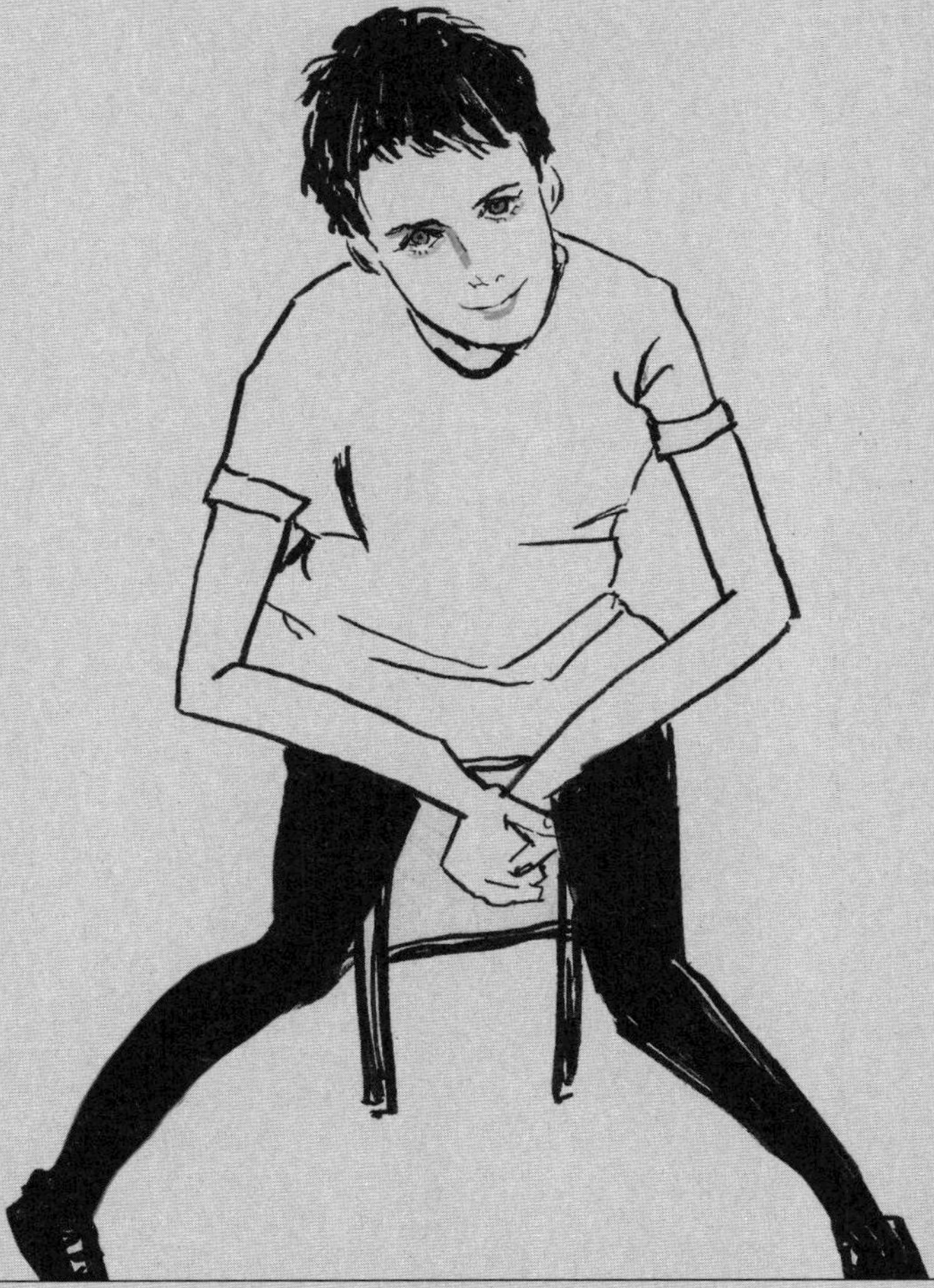

Amelia Fletcher

Talulah Gosh, Heavenly

アメリア・フレッチャー（Talulah Gosh /Heavenly）

——永遠のP・U・N・K・ガール

サイドもバックも潔く刈り上げたショートヘアが誰よりもお似合いのアメリア・フレッチャー。

八〇年代からタルーラ・ゴッシュ（Talulah Gosh）、ヘブンリー（Heavenly）、マリン・リサーチ（Marine Research）、テンダー・トラップ（Tender Trap）、現在はカテナリー・ワイアーズ（The Catenary Wires）として、約三十年休むことなく活動を続けている根っからのミュージシャンである。その三十年の間にアメリアは、結婚、出産を経験し、経済評論家としても活躍するようになった。

彼女を取り巻く環境は変わった。しかし音楽への姿勢、トレードマークのヘアースタイルは健在で、過ぎ去っていった年月をまったく感じさせない。

最近の傾向で自分達の音楽を*トゥイーと評価されることに否定的な感情を持つミュージシャンは少なくない。その言葉が一人歩きし、キュートな面ばかりが強調されてしまっているが、実際はもっと毒々しく、DIYな意味合いが強い。そパンクにしては可愛すぎるし、ポップスにしてはガチャガチャしすぎている。そ

*トゥイー（Twee）：
「おすまし」や「キュート」という本来の意味から派生し、ただ可愛いだけでなく、センチメンタルでキッチュな少女のような可愛らしさを意味する。

の曖昧さこそがトゥイーであり、そのイメージを作り上げた人物こそアメリアだった。彼女はトゥイーのオリジネーターであり、現在でもそのイメージを持ち続ける奇跡の存在である。

スプラッター・ベイビーズ（Splatter Babies）という強烈な名前が付けられたバンドからアメリアの音楽史は始まる。大学生になったアメリアは週末ごとにロンドンに行き、当時インディー・バンドのメッカになっていたパーティー*リビング・ルームと人気を二分していた*ルーム・アット・ザ・トップに足繁く通った。そこでアメリアはパステルズ（The Pastels）やプライマル・スクリーム（Primal Scream）に夢中になった。

そのシーンの仲間に入りたいと思っていた彼女に二つの案が浮かぶ。それはバンドの写真やインタビューを掲載したファンジンを作るか、もしくは自分のバンドを始めるか。まずファンジンを作ろうと試みたが、自分が好きなものを一つの冊子にまとめ上げる才能がないと気づく。そこで二つ目の案を採用することに決めた。さっそく地元のオックスフォードでバンド・メンバーを探し、先にも述べたスプラッター・ベイビーズを結成する。かねてからトレイシー・ソーンのファンだったアメリア。彼女はバンドを始める前からマリン・ガールズ（Marine Girls）のようなバンドをやりたいと思い描いていた。しかしながら他のメンバーの理想

*ルーム・アット・ザ・トップ（Room At The Top）：ロンドン、チョークファームでテレヴィジョン・パーソナリティーズ（Television Personalities）のダン・トレイシーが企画していたライブ・イベント。C86バンドの登竜門的なイベントだった。

*リビングルーム（Living Room）：Creationレーベルを創設したアラン・マッギーが主催していたライブ・イベント。

はゴス・バンドだった。彼らとアメリアの方向性はまったくもって重ならず、そのズレは活動を続けるほど広がっていった。最終的にはアメリアが追い出された形でスプラッター・ベイビーズは分裂した。アメリア以外のメンバーは新しいバンドを結成し、案の定アメリアは誘われなかった。後にそのバンドは*スワーブドライバーとなり、アメリアの思惑が外れブレイクした。

音楽性の違いで居場所を失ってしまったアメリアは、自分と同じようにインディー・バンドが好きな人を集めようと動き始めた。まだ高校生だった弟のマシューも半ば強制的に誘い入れ、タルーラ・ゴッシュは五人組として結成された。〝ハッピー・バースデイ〟のヒットで知られるオルタード・イメージ（Altered Images）の*クレア・グローガンは、アメリアにとって十代の頃からのアイドルだった。彼女が「バンドをやめたら女優になってタルーラ・ゴッシュって芸名にしようかしら。」とインタビューで答えていたのをずっと心にしまっていたアメリアは自分のバンドにその名前を付けた。八六年の三月に結成し、それから一ヶ月もしないうちにアメリアはステージに立っていた。その年の初めにC86がリリースされたこともあり、その波に乗ったタルーラ・ゴッシュは急速に人気を獲得。気づけばアメリアはずっと憧れていたシーンの一員となっていた。メンバーのほとんどが学生で経済的な余裕がなく、録音もすべて自分達でやらなければいけなかった。

＊クレア・グローガン（Clare Grogan）：
オルタード・イメージ（Altered Image）解散後に女優として「グレゴリーズの"彼女"」「アイスクリーム・コネクション」に出演。ソロ・ミュージシャンとして再出発するが不発に終わる。その後、バンド・メンバーだったステファン・リオ二と結婚。

＊スワーブドライバー（Swervedriver）：
Creationレーベルに所属。シューゲイザーのシーンからも人気のあるバンドで、骨太なサウンドが特徴的。レニー・クラビッツを思わせるドレッド・ヘアで男臭いイメージ。

アマチュアならではの荒削りな音質は、疾走感のあるアメリアのメロディーにばっちりはまった。録音したいくつかの楽曲の中から〝アイ・トールド・ユー・ソー〟が、ファンジン*「アー・ユー・スケアード・トゥー・ゲット・ハッピー」のオマケのフレキシ・ディスクに収録される。

発売されるやいなや、熱狂的なインディー好きの読者からの反響が驚くほどたくさん集まった。アメリア自身はその状況をなかなか飲み込めずにいたが、あるレーベルからのオファーで自分達の人気に気づかされることになる。

猛スピードで成長していくタルーラ・ゴッシュにさっそくリリースのオファーをしたのは*Subway Organization レーベルだった。アメリア達が曲を提供する代わりに要求したのはお金ではなく、*スープ・ドラゴンズ（Soup Dragons）の未発表のシングルだった。レーベル側はその条件に驚いたが、要求を受け入れ、アメリア達にスープ・ドラゴンズのシングルを七枚送ってくれた。

しかし、ほぼ同じタイミングでパステルズのスティーブンが運営する53rd & 3rd レーベルからもシングルのオファーがやってきてしまった。アメリアは嬉しさで天にも昇る気持ちだった。彼女の答えはもちろんイエス。心のどこかでSubway Organization に対しての罪悪感はあったが、スティーブンの大ファンだったアメリアにはそのオファーを断ることは不可能だった。〝ビートニック・ボー

*スープ・ドラゴンズ（Soup Dragons）：
グラスゴー近郊、ベルシル出身の４人組。バズコックスに影響を受けたパワーポップ・サウンド。90年「ラブゴッド」、92年「ホットワイアード」がイギリスのみならず、アメリカでもチャートインし、一躍人気バンドに。

*Subway Organization：
85年にブリストルで設立。フラットメイツ（The Flatmates）やチェスターフィールズ（The Chesterfields）など多くのインディー・バンドを生み出した。旬のインディー・バンドを集めた2枚のコンピレーション・アルバムをリリースしている。

*アー・ユー・スケアード・トゥー・ゲット・ハッピー（Are You Scared To Get Happy）：
Sarahレーベル設立以前にマット・ヘインズとマーク・カーネルによって発行されていたファンジン。オマケとしてフレキシディスクが付いていた。

イ〃、〃スチーミング・トレイン〃と立て続けに二枚のシングルをリリース。高速で展開するメロディー、賛美歌を思わせる麗しいアメリアとエリザベスの歌声が炸裂し、彼女達の人気はうなぎのぼりとなっていく。シングルをリリースしてすぐにエリザベスは*レイザーカッツ（Razorcuts）のグレゴリー・ウェブスターとカルーセル（The Carousel）を結成。その活動に専念するためにタルーラ・ゴッシュを脱退してしまった。新しいメンバーとしてエスナ・ファリーがエリザベスの代役となり、代表曲となる〃タルーラ・ゴッシュ〃や〃ブリンギング・アップ・ベイビー〃を生み出した。これらの曲は後のインディー・バンド達に影響を与えるエポックメイキングな作品となり、*ジョン・ピールも彼女達の才能に惚れ込み、彼女達のセッションを番組で放送した。

人気はさらに加熱し、チャンネル4の「ザ・チャート・ショー」で流すために〃タルーラ・ゴッシュ〃のビデオ制作をすることになった。これはインディー・バンドとしては異例だった。アメリアとエスナの二人が色とりどりのバルーンの中で歌うキュートな映像は、タルーラ・ゴッシュにとって最初で最後のミュージックビデオとなった。トレイシー・トレイシー率いる*プリミティブス（The Primitives）などのガーリーでポップなバンド達が続々とブレイクしていき、次はタルーラ・ゴッシュか?と騒がれるなか、前触れもなく活動を休止してしまう。音楽雑誌で

*プリミティブス（The Primitives）：
紅一点でオーストラリア出身のトレイシー・トレイシーがシンボリックなギターポップ・バンド。“クラッシュ”、“シークレッツ”などのヒット曲がある。2009年から再び活動を始め、新曲もリリースしている。

*ジョン・ピール：
トレイシー・ソーン（P.15参照）。

*レイザーカッツ（Razorcuts）：
グレゴリー・ウェブスターによって結成されたスリーピース・バンド。60年代のフォークを取り入れたメロディアスなギターが特徴的。

はメンバーの脱退などが原因と発表されていたが、解散の引き金を引いたのはアメリアだった。作詞作曲はメンバーそれぞれが手がけており、コントロール・フリークのアメリアは他のメンバーが作った曲を歌うことに抵抗を感じていたのが大きな原因だ。それに加え、ハウスなどのダンス・ミュージックが流行し、彼女が愛していたバンド達が次々と消えていき、彼女のタルーラ・ゴッシュへの情熱は薄れてしまった。大学卒業のために勉強に集中しなければならない状況も重なって彼女はこのバンドに将来を見いだすことをやめてしまった。

大学卒業後、アメリアはバンド活動が恋しくなりタルーラ・ゴッシュの一部のメンバーと共にヘブンリーを結成することになる。一方で彼女はタルーラ・ゴッシュとヘブンリーの間にソロとして一枚だけダンス・ミュージックに挑戦したレコードをリリースしている。その〝キャン・ユー・キープ・ア・シークレット〟は彼女にとっていわく付きの作品だ。「ヒットするレコードを」と意気込んでいたアメリアは格式あるスタジオで録音することにしたが、それには想像以上のお金が必要だった。彼女はヒットさえすればすぐに返せるとたかをくくり、レコーディング費用のために父親に保証人になってもらいローンを組む。しかし、意気込んで録音した作品をレコード会社に送ったところ、「正式な録音物ができたら、それを送ってきてください。」と業務的に返されてしまった。*ヤズー（Yazoo）みた

＊ヤズー（Yazoo）：
80年代に人気を博したシンセポップ・デュオ。アリソン・モイエはヤズー解散後にソロ・シンガーとして活躍した。

いに自分だって成功すると信じていたアメリアの期待は外れてしまう。しかし、これがきっかけで自分はダンス・ミュージックではなくインディーが好きだということに改めて気づかされ、その失敗がインディー・シーンに戻る原動力になった。

ヘブンリー結成と同じ時期、ブリストルでは*Sarahレーベルを中心に数々のバンドが活躍していた。そのシーンとヘブンリーは共鳴し合い、シングルはSarahレーベルからリリースされた。アルバムはKレーベルからリリースされ、一時期落ち込んでいたインディー人気も再び盛り上がりの兆しを見せていた。以前とほぼ同メンバーではあったが、前の失敗をふまえ、ヘブンリーの曲に関してはアメリアがすべての実権を握った。透明感のあるイノセントでポップなサウンドは、ファンをがっちりと掴み、活動は軌道に乗る。

しかし四枚目のアルバム制作が終わり、プロモーション・ツアーの計画を練っている矢先、悲劇が襲いかかる。弟のマシューが自らその命を絶ってしまったのだ。幼い頃から姉の後をずっとくっついて離れない甘えん坊だったマシュー。引っ込み思案の弟を心配していたアメリアは彼を無理矢理バンドに誘い入れ、人前に出ることで社会に適応させせようと試みてきた。マシューはそのバンド活動を楽しんでいるようにアメリアの目には映っていた。しかしナイーブな彼は大人になる

*Sarah：
ブリストルでスタートしたインディー・レーベル。7インチレコードにこだわり、DIYでピュアなインディーポップを提供するレーベルとして今も根強い人気がある。Sarahレーベルを題材にしたドキュメンタリー・フィルム「マイ・シークレット・ワールド －ザ・ストーリー・オブ・サラ・レコーズ」でその歴史を紐解くことができる。

につれコンプレックスを増幅させ、鬱病を発症させていた。それを隠すために、「ハッピードラッグ」と呼ばれ当時流行していた*プロザックを服用するようになる。その乱用が彼を自殺に追いやった。プロザックの服用を知りながら、その危険を察知できなかったアメリアは弟の突然の死に言葉を失った。

マシューの死はヘブンリーの死を意味していた。今でも人生で一番辛い時期だったと、アメリアは振り返る。悲しみを乗り越えるために力を貸してくれたのは彼女が人生を捧げてきた音楽だった。ヘブンリーでアメリアと共に歩んできたキャシー、ロブ、ピーターは、悲しみに暮れる彼女を励ますために新しいことをやろうと強く説得。いつまでもこんな心境でいるのは彼女自身が一番辛かった。それを克服するためにもアメリアは彼らとマリン・リサーチを結成。しかしメンバーにドラマーが抜けていた。アメリアにはマシュー以外のドラマーを迎えることに違和感があったからだ。

その時期、*ブロードキャスト（Broadcast）や*ステレオラブ（Stereolab）のサウンドに興味を持っていた彼女は、プログラミングされたドラムビートを取り入れようとインディーに対して造詣の深い、*DJダウンフォールに相談した。彼は「もちろん君の頼みだから引き受けるよ。でも君達が必要としているのはドラマーじゃないかな？　実は僕、ドラムも叩けるんだよ。」と思いがけない答えを返してくれた。

＊DJダウンフォール：
かつてはドゥウィーブ（Dweeb）のギターリストでもあった。DJとしてポスタル・サービス（The Postal Service）やペインズ・オブ・ビーイング・ピュア・アット・ハート（The Pains Of Being Pure At Heart）など数多くのバンドのリミックスを手掛けている。

＊ステレオラブ（Stereolab）：
C86系バンドであったマッカーシー（McCarthy）のティム・ゲイン、フランス出身のレティシア・サディエールを中心に結成。映画音楽、クラウトロック、ジャズなどから影響を受け、モーグ、メロトロンなどを駆使し、ユニークなサウンドを作り上げた。2009年から活動を休止している。

＊ブロードキャスト（Broadcast）：
独自のエレクトロニック・サウンドで人気を得たバーミンガム出身のバンド。ヴォーカルのトリッシュ・キーナンは肺炎をこじらせ2011年に亡くなっている。現在はジェームス・カーギルのみが活動している。

＊プロザック：
うつ病、摂食障害、依存症に有効な薬として世界中で販売されているが、日本では未承認のために販売されていない。ハッピードラッグと呼ばれ、プロザックを服用すると元気になるという噂で多くの若者が服用した。

今までとは違う音楽性に挑戦することが、アメリアの悲しみを癒す特効薬となった。

それでもまだ弟の死を乗り越えられずにいたアメリアにある転機が訪れる。ずっと陰で支え続けてくれたロブ。彼が音楽活動のパートナーだけでなく、人生のパートナーとなったのだ。ステージ上、そして素のアメリアの両方を平等に愛することができるロブは、自己主張の強い彼女が唯一心を許せる存在になっていた。アイヴィーとドーラという二人の娘にも恵まれた。新しい家庭を築くことでアメリアは音楽に対してまっすぐな姿勢で向き合えるまでに回復した。子育てや経済評論家として日々忙しい生活をおくりながらも、音楽シーンへの復帰を決意する。

*インディートラックスなどにも精力的に参加し、*アロー・ダーリン（Allo Darlin'）のエリザベスなど彼女の後継者も育ててきたアメリア。ステージ脇で娘達が見守るなか、ステージの上で堂々と歌う彼女の潤んだ瞳には彼女の大切な家族、失った弟への思い、そしてどんなに辛いことがあっても、けっして諦めずに音楽を続けてきた彼女の強い意志が宿っているように見える。

「P・U・N・K・ガール」精神と少女のような純粋さを持った可愛くて強い女性、アメリアはおばあちゃんになってもきっとパンク・ガールであり続けることだろう。

＊アロー・ダーリン
(Allo Darlin')：
アメリア率いるテンダー・トラップのメンバーとしても活躍するエリザベスを中心とした4人組バンド。ウクレレを使ったキュートでポップなメロディーが人気。

＊インディートラックス
(Indietracks)：
イギリス、ミッドランドで2007年からスタートしたインディーポップをメインとした野外フェスティバル。伝説のインディー・バンドの再結成などもあり、世界中のインディー・ポップ好きが集まる。

Tennessee Thomas

The Like

テネシー・トーマス（The Like）

――アレクサ・チャンのベスト・フレンドでもある音楽界のファッション・アイコン

ファッション・モデルとして女の子達から羨望の眼差しを向けられるブリティッシュ・ガール、*アレクサ・チャン。彼女に憧れる女の子は数えきれないほどたくさんいるけれど、アレクサの親友であり、音楽のよきアドバイザーである人物について知る人はそれほど多くない。

テネシー・バニーことテネシー・トーマス。どの写真を見てもアレクサのとなりにはいつも彼女がいる。六〇年代から抜け出してきたようなガールズ・グループ、ライク（The Like）のドラマーであるテネシーは、クラシックな要素を取り入れた抜群のセンスでファッション・スナップの常連だ。彼女は人を圧倒するセンスの持ち主にもかかわらず、カメラを向けられるとついおどけた表情をしてしまう気取らない性格。テネシーはパーティーでも常に人気者で、そんな彼女の周りにはアレクサを筆頭にお洒落な「イットガール」達が自然と集まってくる。

テネシー・トーマスは一九八四年の十二月十七日、ロンドンで誕生。両親は

*アレクサ・チャン：
モデル、TVのプレゼンター、DJなどファッション業界で活躍するモデル。父が中国系英国人である。歴代のボーイフレンドはミュージシャン。自伝本「It」が日本でも出版され、そのスタイルに注目が集まった。

共にイギリス人で、父親はドラマーとして家計を支えていた。父親ピート・トーマスは七〇年代から八〇年代にかけて英国を代表するバンドとして支持されるエルヴィス・コステロ・アンド・ザ・アトラクションズ（Elvis Costello & The Attractions）のドラマーであり、二〇〇三年にはそのバンドの功績が讃えられ「ロックンロール・ホール・オブ・フェイム」に殿堂入りするほどの大物である。

テネシーは赤ちゃんの時から母親に抱かれてライブに行き、生まれてからずっと音楽の英才教育を受けてきた。彼女は幼少期からピアノを十年ほど習っていたものの、その腕は上がらなかった。気を取り直しギターに挑戦してみたが、コードが押さえられず断念。中学では合唱団に入ってみたが、先生と馬が合わずテネシーは自分の音楽的な才能のなさに絶望する。憧れのバンドなんて自分には到底無理だと諦めていた。

トーマス一家は父親の仕事の都合で海を渡り、ロサンゼルスへ移り住んだ。そこはロンドンでの環境とはすべてが真逆だった。高校に入学したテネシー。彼女は同じ趣味を持つZバーグに出会う。彼女は*Geffen レーベルの重役であるトニー・バーグを父に持つ無類のお嬢様だった。エリザベス・バーグ（通称Zバーグ）はテネシーより学年は一つ下ではあったが、彼女と似た境遇で育ち、音楽のバックグラウンドなどを共有できる稀有な存在だったので、気づけば二人は親友に

*Geffen：
80年にデイヴィット・ゲフィンにより設立。エルトン・ジョンやジョン・レノンなど大物を抱え、80年代中期からはヘヴィメタル・ブーム、90年代にはソニック・ユースなど新人発掘にも力を入れていた。

なっていた。Zバーグの友人シャーロット・フォームの父親もまた音楽界で名の知れたプロデューサーであり、テネシーは彼女ともすぐに打ち解けた。三人はこの出会いに運命的なものを感じる。テネシーはこれがチャンスだと思った。テネシー、Zバーグ、シャーロットはまだ十五、十六歳という若さでバンドを結成する。ライクと命名したのはテネシーの母である。三人が「〜みたい」というティーンエイジャーの女の子ならではの口調で「ライク」を使うところから付けられた。Zバーグはヴォーカルとギター、シャーロットはベースとバンド内での担当楽器を決めていく際に、テネシーは自然とドラムを担当することになっていた。ピアノやギターでは才能を開花できなかったテネシー。ドラム・スティックを握り、いざ叩いてみると、身体はごく自然にリズムを刻んでいた。父親のDNAはテネシーにしっかりと引き継がれていた。その隠れた才能に驚いたのは誰よりテネシー自身であった。

Zバーグが書き溜めていた曲を元に、次々とバンド用にアレンジし、ライクのサウンドを完成させていく。オルタナティブ・ロック要素を取り入れ、とびきりガーリーに仕立てたサウンドは時に「親の七光り」と批評されることもあった。それでも、純粋に音楽に向かう彼女達に対して基本的にはメディアも好意的だった。それに加えてお洒落な三人のファッションやライフスタイルにも注目が集まるようになり、女子からの人気は絶大だった。

最初のシングルをリリースしてから4年。学業と両立するために、なかなかバンド活動に集中することが難しかったが、テネシー達はやっとデビュー・アルバム「アー・ユー・シンキング・ワット・アイム・シンキング?」を完成させる。Zバーグの父のはからいもあり、Geffenと契約。新人バンドとしては異例の出世街道だった。アルバムの冒頭を飾る〝ジューン・グルーム〟はロマンチックなメロディーにグランジなギターを合わせ、女性ならではの感性が発揮されている。ドリーミーでロックなサウンドは、たくさんの女の子達にガールズ・バンドへの憧れや希望を与えることに成功した。

しかし、人気バンドに成長しながらもテネシーの思うようにはいかなかった。ライクは初期衝動で始まったバンドであり、三人ともあまりにも若すぎた。彼女達にはアルバムを作るのに必要な体力と精神力が欠けていた。バンド活動を続ける上で、長期間拘束されるツアーなど過酷な部分が明らかになると、メンバーの中でもとりわけお嬢様気質のシャーロットはその環境に耐えられず、バンドを脱退してしまう。

シャーロットが脱退後、残された二人は西海岸から東海岸のニューヨークにレコーディングの拠点を移し、心機一転を図る。そこで新たなバンド・メンバーと出会い、新生ライクは四人組のガールズ・バンドとして再始動した。

滞在先のブルックリンで二人が得たのはバンドメンバーだけでなく、音作りの舵取りをしてくれるプロデューサー、*マーク・ロンソンだった。音楽業界でもその才能を認められ引っ張りだこなマークは、テネシー達がこれから押し出そうとしているシックスティーズなサウンドを形にする重要な役回りを快く引き受けてくれた。レトロなオルガンを音作りに取り入れるのも彼のアイデアだ。六〇年代のカルチャー、ファッション、音楽に憧れてきたテネシーにとって、マークとの出会いは貴重なものとなる。その出会いのおかげもあり、テネシーはブルックリンという街が大好きになっていた。

アルバムから先行リリースされたシングル〝フェア・ゲーム〟。このビデオの監督には巨匠フランシス・フォード・コッポラ監督の孫娘*ジア・コッポラが名乗り出た。このビデオは公開されるとすぐに大きな話題になる。映像、曲だけでなく、彼女達の人脈の面白さでも注目された。

ついにライクは、テネシーが待ち望んでいたアルバム、「リリース・ミー」を発表。アートワークなどのプロデュースはすべてテネシーが手掛けた。ジャケットではメンバー四人がAラインのワンピース・ドレスを着ていて、そのドレスにはそれぞれアルファベット一文字が振られている。四人が並ぶと「LIKE」に

*ジア・コッポラ：
巨匠フランシス・フォード・コッポラの孫であり、ソフィアコッポラの姪。オープニング・セレモニーなど、ファッションのシーンで映像監督として活躍。映画監督としては2014年に初監督作品「パロ・アルト」を発表した。

*マーク・ロンソン：
裕福な家庭に育ち、ショーン・レノンとはティーンエイジャーの頃から親友。妹にDJのサマンサ・ロンソン、デザイナーのシャーロット・ロンソンがいる。リリー・アレン、エイミー・ワインハウスなどとのコラボレーションでも有名。

なるこのアイデアも彼女のもので、セカンド・アルバムにして、テネシーが追い求めていた理想のガールズ・バンドになった。*BIBA全盛期のロンドンのパーティーを思わせる〝ヒーズ・ノット・ア・ボーイ〟のビデオの中で彼女達は完璧にシックスティーズなガールズ・バンドを演じている。

ガールズ・バンドの命は短くて儚い。そんな法則が嘘か真か定かではないが、ライクもその運命に逆えなかった。バンドとしての成功を手に入れたそばから休止を余儀なくされる。女の子の気分は天気のように移り変わりが激しく、それぞれに四人での活動に限界を感じていた結果、ライクは活動を休止した。

Zバーグはハリウッドに戻り、友人達とジェイジャムズ（Jjams）を結成し、今までとは違う新たな音楽の道を現在も模索している。他の二人のメンバーは以前の生活へと戻った。

ライクの活動休止を一番悲しんでいたのはテネシーだった。傷心の彼女は住居をニューヨークに移す。新たな環境で、音楽とはまた違った方面でチャンスを掴み、それがライフワークとなる。彼女にはドラムの才能以外にも、飛び抜けたファッションのセンスがあった。シュープリームス（The Supremes）やシャングリラス（The Shangri-las）などのガールズ・グループ、サイケデリックやロックンロールなスタイルから想像力を掻き立て、今の女の子にも取り入れやすい、独自のスタ

*ヴィヴィアン・ウエストウッド：
パンク全盛期にマルコムと共にブティック「レット・イット・ロック」をオープン（後に店名は「SEX」に変更）。SM要素を取り入れた前衛的なパンクスタイルで人気を博した。81年に初めてロンドン・コレクションに参加し、ファッション・ブランドはスタートした。王冠と地球をモチーフにしたオーブのロゴは日本でも人気に。

*BIBA：
60年代から70年代にかけて隆盛したファッション・ブティック。スウィンギン・ロンドン時代を作り上げた。

イルを確立していった。そのセンスを生かし、テネシーは小さなブティックを開くことになる。

イースト・ヴィレッジを歩いている時に偶然見つけた空き店舗。そのショーウィンドウを眺めていると彼女の脳内に*ヴィヴィアン・ウエストウッドと*マルコム・マクラーレンが作り出した「*レット・イット・ロック」が浮かび上がってきた。ローカルな音楽とファッションが融合したサロン。そしてそこに、アート、音楽、ファッションが交差する、アンディー・ウォーホルが作り出したファクトリーの要素も加えた。

ついにオープンした「*ディープ・エンド・クラブ」にはヴィンテージの洋服、テネシーの周りにいるクリエイティブなガールズが作り出すアクセサリー、そして彼女とは切っても切り離せないレコード達が小さな空間の中でひしめき合っている。

ショップ・オーナーとして忙しく働きながら、ＤＪや、ライクのアルバムもリリースした*Downtownレーベルの Ａ＆Ｒとしても働くテネシー。彼女の可愛いルックスからはまったく想像がつかないほどパワフルなビジネス・ウーマンであり、彼女自身その仕事を全力で楽しんでいる。

音楽はどんな時だって彼女を裏切らない。夢を与え続け、想像力を掻き立ててくれる魔法の道具、それを手にしたテネシーは無敵である。

*Downtown：
2006年にニューヨークで設立されたレーベル。新鋭のインディーアーティストが多数所属している。最近ではDowntown Music Festivalというロック・フェルティバルをニューヨークのローワー・イーストサイドで開催している。

*ディープ・エンド・クラブ：
テネシーの父がエルヴィス・コステロのツアーで日本を訪れた時のメンバーの発言からショップ名が付けられた。ビートルズのアップルブティックなどから影響を受けている。テネシーの友人のデザイナーのアイテムや、60〜70年代のヴィンテージアイテムを取り扱う。

*レット・イット・ロック：
1971年ロンドンのキングスロード430番地にオープン。50年代のロックンロールをコンセプトにしたファッションを発表。その後も「トゥー・ファスト・トゥ・リブ・トゥー・ヤング・トゥ・ダイ」、「SEX」と名前を変え、ファッションのコンセプトも時代を先取りし、変化していった。

*マルコム・マクラーレン：
モリッシーも大ファンであったNew York Dolls（ニューヨーク・ドールズ）、セックス・ピストルズ，バウ・ワウ・ワウ（Bow Wow Wow）のマネージャーであり、「レット・イット・ロック」の共同契約者。自身もミュージシャンとして作品を発表している。

Kirsty Maccoll

カースティー・マッコール

――女性シンガー・ソングライターの道を切り拓いた天才

二〇〇〇年十二月十八日、カースティー・マッコールは帰らぬ人となった。太陽が輝くカリブ海、息子達と過ごす休暇中に起こったボート事故が彼女の命を奪った。皮肉にもその死によってカースティーはイギリスが生んだ偉大な女性ミュージシャンとして再び脚光を浴びることになる。

五九年十月十日、〝ファースト・タイム・エヴァー・アイ・ソー・ユア・フェイス〟などのヒット曲で知られるフォーク・シンガーのイワン・マッコールとペギー・シーガーの間にカースティー・マッコールは生まれた。ロンドン南東部の郊外クロイドンでカースティーは幼少期を過ごす。両親は彼女が幼い時に離婚し、週末のたびに父が彼女達に会いにやってくるという生活だった。そんな環境の中で、カースティーは誰にも習わずに自分で読み書きを覚えた。*IQ200という驚異の天才児としてテレビ取材を受けるほど頭のいい子どもだった。そんな彼女にとって学校の勉強は朝飯前。勉強するよりも大好きな音楽を聴いて過ごす時間がどんどん増えていった。

*IQ200:
その数値が正確なものか定かではないが、アインシュタインの知能指数が180であることからもかなりの天才であった。

お気に入りのミュージシャンが増えていくうちに、カースティーは自然と父のギターを手にするようになる。誰に習うわけでもなく、独学でギターを習得。カースティーの音楽の才能もまた父親譲りだった。彼女の音感やメロディー・センスは抜群で、若干十六歳ながら地元のバンド*ドラッグ・アディクス（The Drug Addix）にコーラスとして抜擢。ライブなどでステージに立つ姿を見てカースティーの才能を見いだしたのは、ニック・ロウといったパワーポップ、パンク・ミュージシャンを輩出したStiffレーベルの社長デイブ・ロビンソンだった。

彼女の才能に惚れ込んだデイブは、コーラスの経験はありながらも、作曲の実績のない素人同然のカースティーにチャンスを与える。*ジェーン・エア・アンド・ザ・ベルヴェデレス（Jane Aire & The Belvederes）のアルバム作曲、コーラスを任されたカースティーは試行錯誤しながらもデイブの期待に応え、それは彼女が初めて手掛けた作品としてリリースされた。

その後もとんとん拍子でことは進んでいく。次のステップとして用意されたのはカースティー・マッコール名義のシングルだった。今まで書き溜めていた曲の中から、彼女が選んだのはバラード曲〝ゼイ・ドント・ノウ〟。周りの期待も虚しく、発売当初はヒットには結びつかなかった。しかし後に*トレイシー・ウルマンがこの曲をカバーして全英二位の大ヒットを飛ばす。切なくて甘いメロ

*トレイシー・ウルマン（Tracey Ullman）：
イギリス出身の女優、コメディエンヌ、歌手。80年代にアメリカに渡り、トークショー「トレイシー・ウルマン・ショー」の司会で人気に。最近では2008年から2年間テレビのコメディー番組を担当した。

*ジェーン・エア・アンド・ザ・ベルヴェデレス（Jane Aire & The Belvederes）：
ジェーン・アシュリーがフロント、バックをベルヴェデレス（元ダムドのメンバー）が担当するユニット。解散後にベルヴェデレスのメンバーはカースティーのレコーディングを手伝うようになる。

*ドラッグ・アディクス（The Drug Addix）：
ロンドンの郊外チズウィックで結成。グラムとパンクを掛け合わせたサウンドだった。シングル1枚で解散する。

ディーが少女達のハートをつかんだのがヒットの要因となった。この曲を生み出した時、カースティーはまだ十九歳になったばかり。その天才とも言えるたぐい稀なメロディーセンスは、ダイヤの原石のように未知の可能性を秘めていた。

馴染みのStiffレーベルを離れたカースティーは、メジャーレーベルPolydorの誘いを受けて移籍を決める。八一年の五月にリリースされた〝ゼアーズ・ア・ガイ・ワークス・ダウン・ザ・チップ・ショップ・スウェアーズ・ヒズ・エルヴィス〟ではエルヴィス・プレスリー生存説をコミカルに、カントリーやロックンロール調に仕上げた。この作品で全英十四位を獲得し、セールスの面でも健闘した。テレビ番組でも演奏し、カースティーはカウボーイに扮したメンバーをバックに歌を披露した。この曲は*ウィンキーズ（The Winkies）のフィリップ・ランボーとの共作で、この曲をきっかけにパブロック界隈とも交流を持つようになり、音楽的な豊かさを培っていく。

それからわずか一ヶ月という短いスパンでデビュー・アルバム「デスパレート・キャラクター」をリリース。彼女が慕うニック・ロウをプロデューサーとして起用し、フィリップ・ランボー、ビリー・ブラマー、*ルー・ルイスなどがカースティーのメロディー・メーカーとしての才能を引き出す手助けをしてくれた。それぞれのミュージシャンのカラーが出たヴァラエティ豊かな作風で、カース

*ルー・ルイス(Lew Lewis)：かつてはエディ・アンド・ザ・ホット・ロッズ（Eddie And The Hot Rods）に参加し、クラッシュ（The Clash）やストラングラーズ（The Stranglers）にもゲストミュージシャンとして参加した。

*ウィンキーズ(The Winkies)：ブライアン・イーノに才能を見出されたパブロック・バンド。セルフタイトルのアルバムをリリース後に解散。

ティーも大満足だった。しかしセールス重視のPolydorは、アルバムの売り上げが不振だったのを理由に彼女をお払い箱にしてしまう。

そんなカースティーを再び拾い上げてくれたのはデイブだった。メジャーのやり方に失望したカースティーは、彼女の実力を認めてくれる場所へと舞い戻った。Stiffレーベル一推しのシンガー、トレイシー・ウルマンのアルバム「ユー・ブローク・マイ・ハート・イン・セヴンティーン・プレイセズ」のプロデューサーとしてカースティーは大仕事を一任された。〝ブレイカウェイ〟のカバーも大ヒットし、トレイシー・ウルマンはこのアルバムで一躍スターダムにのしあがる。〝テリー〟、〝ユー・コウト・ミー・アウト〟などカースティーは自分の曲を提供し、トレイシーの成功を裏で支えた。その後もセッション・ミュージシャン、作曲家、コーラスなど裏方の仕事がしばらく続いた。

そんな彼女にプライベートでの変化が訪れる。カースティーは*シンプル・マインズ（Simple Minds）のセッションに参加することになり、そこでプロデューサーのスティーヴ・リリーホワイトと出会う。その当時スティーヴは*スージー・アンド・ザ・バンシーズ（Siouxsie & the Banshees）の〝ホンコン・ガーデン〟のプロデュースが高く評価され、プロデューサーとしてめきめきと頭角を現し、人気プロデューサーとして引っ張りだこだった。スティーヴはカースティーに一目で恋に落ちる。

*スージー・アンド・ザ・バンシーズ(Siouxsie & the Banshees)：
ヴォーカルであるスージー・スーを中心として76年に結成。ゴシックなメイクやファッションが特徴的。パンク、ニューウェーブなサウンドで人気バンドに。ゴスロックのカリスマ的存在。

*シンプル・マインズ(Simple Minds)：
スコットランド出身のロックバンド。85年にジョン・ヒューズ監督の映画「ブレックファスト・クラブ」の主題歌に"ドント・ユー？"が使用され、アメリカでも人気を獲得した。

彼はカースティーの第一印象を「赤毛の妖精」と誉め称え、愛らしい少女のような魅力に惚れ込んだ。

二人は短い交際期間を経て結婚。スティーヴはその後もピーター・ガブリエルやU2、エックス・ティー・シー（XTC）の作品など、八十年代の名作を数々手掛ける一流プロデューサーとして出世街道を進んでいく。彼は数々の作品のコーラスに自分の妻を起用し、ビジネス、そしてプライベートでもスティーヴとカースティーは最強のパートナーとなった。それらの作品の中でもスミス（The Smiths）の〝アスク〟は大ヒット作だ。その後もカースティーの作品でジョニー・マーがギターを弾いたり、モリッシーのソロにカースティーが参加するなど、互いに絆を強くし、プライベートでも仲がよかった。

そんなおしどり夫婦である二人の作品とは切っても切り離せない男性ミュージシャンが存在する。過去にはサッチャー政権を批判し、政治的な活動をするシンガー・ソングライター、ビリー・ブラッグだ。八歳の年の差でカースティーとの関係は本当の兄と妹のようだった。互いの音楽を尊敬し合い、ビリーはカースティーをとても可愛がっていた。カースティーはビリーのデビュー・アルバム「ライフズ・ア・ライオット・ウィズ・ヴイエス・スパイ」に収録されている〝ア・ニュー・イングランド〟がどの曲よりも大好きだった。その気持ちが募った彼女は、カバーさせてもらえないかとビリーにお願いした。大好きな妹のためならばと、ビリーは喜んで曲を提供。さらにはカースティーのために自ら歌詞を手直しまでしてくれた。

「この曲をポップソングにしたいの。あなたならできるわ！」カースティーは夫のスティーヴを説き伏せ、強力な助っ人を得た。男気溢れるワイルドなビリー・ブラッグのヴァージョンとはがらりと変わり、カースティー版〝ア・ニュー・イングランド〟は八十年代特有のキラキラと眩しいサウンドへと生まれ変わった。

「世界を変えたいなんて思っていない。」自分達を取り巻く社会に絶望しながら、離れていってしまった恋人を思う。マーガレット・サッチャーの政治下で苦しんでいたイギリスの若者達はこの切ない歌詞に共感した。シングルとして発売され、全英七位を獲得。ビリー、スティーヴの力添えもあり、〝ア・ニュー・イングランド〟はカースティーにとって、かけがえのない宝物となった。カースティーはその後も兄のようにビリーを慕い、彼のアルバムに多数参加し、強い絆を結んでいった。彼女はけっして政治的な姿勢で音楽に携わっているわけではなかったが、ビリーから刺激を得ることで、芯の部分にパンク精神を持ち続けることができた。量産されたアイドルの名前ばかりがヒットチャートをにぎわす空虚な音楽業界の中で、真のシンガー・ソングライターとしてカースティー・マッコールは貴重な存在となっていく。

〝ア・ニュー・イングランド〟で成功を手にし、カースティーが次に手にしたのは愛しい息子だった。スティーヴとカースティーの間には、ジョンとルイスという二人の男の子が誕生。無念にも八五年にStiffレーベルが売り上げ不振で破産してしまったこともあり、ソロとしての活動を休止せざるをえなかったカースティーはその時期を活用し、子育てに専念する。

そんななか、コーラスとして多数のミュージシャンの作品に貢献した。どんなミュージシャンの前でも臆することなく、持ち前の明るさで彼女はいつでもスタジオのムードメーカーだった。U2のボノ（Paul David Hewson）でさえカースティーには頭が上がらなかった。夫スティーヴがプロデューサーとして曲順に悩んでいたところに彼女はやってきて「これが私の一番好きな曲だから一曲目、次に好きな曲が二曲目ね。三曲目は…。」と勝手に曲順を決めていくエピソードを、後にボノはカースティーの思い出として語っている。アルバム「ヨシュア・トゥリー」は世界的に大ヒット。彼らのブレイクにカースティーも一役買ったのだ。〝ア・ニュー・イングランド〟以降、しばらく裏方として活動していたカースティーは*ポーグス（The Pogues）のシェイン・マクガワン（Shane Macgowan）に説得され表舞台へと舞い戻る。

*ポーグス（The Pogues）：アイルランド人のヴォーカル、シェイン・マクガワンを中心に結成。ケルティック音楽とパンクを混ぜ合わせた独自のサウンドで人気に。クラッシュとツアーを回るなどジョー・ストラマーとの強い絆でも知られる。

カースティーがヴォーカルとして参加した〝フェアリーテイル・オブ・ニューヨーク〟は若きアイリッシュ移民の男女がニューヨークに渡った頃の夢を語り、罵り合いながらも仲睦まじい様子を描く愛すべき最低で最高なクリスマス・ソングになった。シェインの思惑が当たり、この曲はイギリスで大ヒットを飛ばす。シェインとカースティーの絶妙な掛け合い、ピアノやアコーディオン、バンジョーを使ったトラッドなサウンドがイギリス国民の心を震わせ、クリスマスの季節になるとイギリス中のラジオ、街中で耳にする定番曲となった。

その後、カースティーはソロとしてのブランクを心配しながらも、夫と二人三脚でアルバム「カイト」を完成させる。今までになく身を削りながら全力で作ったこのアルバムをカースティーが一番に聴かせたかったのは他の誰でもなく、彼女の父イワンだった。父は完成したばかりのアルバムを手にし、二人の目の前でさっそく針を落とした。

「歌詞を見せてくれないか。」と娘のカースティーから歌詞を書いたノートを受け取る。曲を聴きながら歌詞を眺め、時折うなずく。イワンは娘の作品を手放しで褒める父親ではなかった。娘であろうとも甘やかさず、厳しく評価する父に今まで褒められたことは一度もなかった。曲を聴き終えるとただ一言「素晴らしい作品だ。」と彼はつぶやいた。その父の言葉でカースティーの胸につかえていたものがとれたような気がした。気が緩んだのか、彼女の目から涙がこぼれ落ちる。隣に座っていた夫のスティーヴは何も発せず、ただ優しく彼女の肩を抱いてくれた。

ソロのミュージシャンとして活躍する合間に、カースティーは*ハッピー・マンデーズ（Happy Mondays）などの後輩ミュージシャン達との交流も欠かさず、多くの作品に参加した。相変わらず自身の作品と平行し、セッション・ミュージシャンとしても目まぐるしい日々を送っていたカースティー。そんな彼女に音楽的な転機が訪れる。今まではトラッドやニューウェーブ、パンク界隈との繋がりが強かった彼女に*デヴィット・バーンが新作への参加を呼びかけた。サルサやサンバなどラテンの香り漂うサウンドは、今までとはまったく違うカースティーの魅力を引き出し、アルバム「レイ・モモ」はデヴィットにとっても貴重な一枚となった。

その後にニューヨークで録音されたカースティーの三枚目のソロ・アルバム「エレクトリック・ランドレディ」はデヴィットとの経験を生かし、ダンスやラテンミュージックの要素を取り入れ、今までよりもぐっとアダルトでアーバンなサウンドに仕上がった。新生カースティー・マッコールの評判はなかなかだったが、売り上げはふるわず、残酷にも再びレーベルとの契約は打ち切られてしまう。

*ハッピー・マンデーズ（Happy Mondays）：
マッドチェスターを支えたこのグループはFactoryレーベルの中でも異端児であった。しわがれたヴォーカルのショーン・ライダー、ステージ上でダンスをするだけのベズなどメンバーも異色。Factoryを題材にした映画「24アワー・パーティー・ピープル」は彼らの曲名から付けられた。

*デヴィット・バーン（David Byrne）：
スコットランド出身のミュージシャン。ニューヨークに移住しトーキング・ヘッズを結成。ブライアン・イーノともコラボレーションしている。

それに追い打ちをかけるように、私生活でもカースティーに困難が降りかかってくる。仕事上では上手くいっていたが、実生活での夫スティーヴとの関係はだんだんと冷めていき、さらにはスティーヴに新しい相手がいることをカースティーは知ってしまった。夫の裏切りを許せず、息子達とお互いの幸せを尊重するために離婚という選択肢を彼女は選んだ。レーベル契約が打ち切られ、落ち込んでいたカースティーは離婚によってさらなる精神的ダメージを受け、追い詰められていった。

窮地に追い込まれてしまったカースティーだが、それでも音楽を作ることを諦めなかった。曲を作ることは彼女にとってリハビリとなった。彼女はフェアグランド・アトラクション（Fairground Attraction）のマーク・ネヴィンに出会い、意気投合して新たな音楽的パートナーを得る。マークと一緒に丹念に作り上げた「タイタニック・デイ」を九三年にリリース。後ろ盾がないカースティーは、プロモーションをする予算もなく、この作品でも大きな成功を掴むことはできなかった。それでもカースティーの作曲のセンスが光る〝ソーホー・スクエア〟、〝エンジェル〟などの名曲を生み出し、健在ぶりを証明した。しかしそれからぱたりと活動が止み、カースティーの名を聞くことはなくなった。

それから七年という長い期間、カースティーはミュージシャンとして活動することに希望を見いだせないでいた。今まで湧き出てきたメロディーのアイデアも枯れてしまった。どんなことがあっても音楽を諦めなかった彼女にとって、その七年間がとても長く、永遠に元に戻ることができないのではと不安に駆られる日々を過ごす。

彼女の心のドアを開いてくれたのは、デヴィット・バーンが彼女に残してくれたラテン音楽だった。二〇〇〇年三月、カースティーはブラジルなどラテンアメリカ音楽のエネルギーに突き動かされ、彼女の豊かな音楽性と融合させた「トロピカル・ブレインストーム」を完成させる。そのアルバムにサックスとして参加しているジェームス・ナイトとカースティーは互いに運命を感じ、レコーディング期間に恋愛へと発展していった。カースティーの息子達とジェームスの関係も良好で、二人は周囲から祝福されるカップルとなる。

アルバムのリリースから九ヶ月、まさかこの作品が遺作になるとはまったく誰ひとりとして想像していなかっただろう。カースティーは新しい恋人のジェームス、息子二人を連れてキューバのカリブ海でバカンスを楽しんでいた。ダイビングで真っ青な美しい海を堪能する。そこに突然、モーターボートが暴走してきた。カースティーは子供達をかばい、ボートに轢かれて命を落とす。彼女はまだ四一歳になったばかりだった。事故の加害者は明らかだったにもかかわらず、ボートの所有者はメキシコの大手スーパーを経営する億万長者だったために警察を買収。事件はもみ消されてしまった。

そんな彼女の不当な死に遺族は「ジャスティス・フォー・カースティー・キャンペーン」を立ち上げた。英国ラジオ局のBBCでは追悼番組が制作されたが、それでもメキシコ政府には響かなかった。しかし二〇〇六年、U2のメキシコでのコンサートで、カースティーを慕っていたボノが何万人もの観客の前でこの事件について語ったことがきっかけとなり、警察が動きだし、事件はやっと解決した。

「世界を変えたいなんて思ってない、新しいイギリスなんて探していないわ。」そう歌いながらも彼女の歌は多くの人々に影響を与え、女性シンガー・ソングライターの道を切り拓いた。

女性の複雑な心理をロマンチックなポップソングにするのが得意だったカースティー。彼女の曲を胸にしまった少女達は、あの甘酸っぱい気持ちを永遠に忘れることはないだろう。

Cristina Monet-Palaci

Cristina

クリスティーナ・モネ＝パレスィ(Cristina)

——小悪魔を演じたインテリジェントな淑女

「今まで出会った中で、もっとも上品で知的で美しく、機知に富んだ女性、それがクリスティーナ。セクシーで刺激的で鮮やかな世界でこそ彼女はマドンナになれる。」

グラムとパンクの狭間で先駆者となった*リチャード・ストレンジはクリスティーナをこう賞賛した。

「音楽をやるつもりじゃなかった」と当時を振り返るクリスティーナ・モネ・パレスィ。彼女はフランスの高名な精神分析学者であるジャック・パレスィを父に持ち、ハーバード大学在学中に文学と歴史の賞を獲得するという優等生でありながら、勉強が退屈でドロップアウトする異端児だった。勉強は嫌いでも書くことに興味を持った彼女は雑誌「*ヴィレッジ・ヴォイス」の敏腕ライターとして活躍する。美人で仕事もできるクリスティーナは編集部内でも人気者で、後に音楽そして私生活でもパートナーとなるマイケル・ジルカも、クリスティーナが大学へ通っている時からの大ファンだった。

＊ヴィレッジ・ヴォイス(Village Voice)：
1955年に創刊されたニューヨークの情報を集めた週刊誌。街中で無料で配布され、エンターテイント情報を網羅している。

＊リチャード・ストレンジ(Richard Strange)：
かつてはドクターズ・オブ・マッドネス(Doctors Of Madness)のフロントマンとして活躍し、その後も俳優やライターなどマルチな才能を発揮している。

ジルカはイギリスの老舗ベビー・ブランド「マザーケア」の創設者を父に持つ裕福な家庭に生まれた。彼はオックスフォード大卒の秀才で、将来有望とされていた。しかしジルカは親族からの期待に応えることなく、音楽に対して並々ならぬ情熱を注ぐようになる。ヴェルヴェット・アンダーグラウンド（Velvet Underground）のジョン・ケイルを通じて、ジルカはニューヨークの美術学校を卒業後にパリでロックの情報誌を編集するマイケル・エステバンに出会った。彼らはすぐに意気投合し、ジルカ、エステバンの頭文字を取ったZEレーベルを一九七八年に創設した。アーバンでアヴァンギャルドな要素がミックスされた独自のセンスでニューヨークの音楽界は二人の話題でもちきりとなった。当時、エステバンは「ヴォーグ」鬼編集長、*アナ・ウィンターと交際していた立場を利用し、アナの友人であり、アイランド・レーベルの創立者クリス・ブラックウエルに頼み込み、ZEレーベルはアイランドの傘下に入った。メジャー・レーベルの恩恵にあやかり、宣伝費や制作費をうまく調達することができた。

そのZEの最初のリリースとして選ばれたのがクリスティーナだった。ジルカは憧れのクリスティーナを射止め、音楽界に彼女を引きずり込んだ。ブランク・テープ・スタジオで録音されたこの曲は*スタジオ54のファンキーで退廃的なムードが漂うバック・サウンドにマリリン・モンローや*ロッテ・レーニャといった

*ロッテ・レーニャ（Lotte Lenya）：
ウィーン生まれの歌手、女優。出演作は「三文オペラ」や「007 ロシアより愛をこめて」など。

*スタジオ54（Studio 54）：
マンハッタンにある元劇場をナイトクラブに改装し、70年代後半から80年代にかけてセレブ達が集まった伝説のクラブ。

*アナ・ウィンター（Anna Wintour）：
アメリカ版『ヴォーグ』の鬼編集長。ボブカットとサングラスがトレードマーク。

クラシック映画の女優を思わせるクリスティーナのファニー・ヴォイスがオーバー・ラッピングする異様な作品となった。限定でリリースされたシングルのA面に英語、B面にフランス語のヴァージョンが収録され、プロデュースはジルカとマイケルを繋げたジョン・ケイルが手がけた。けっして万人に受ける作品ではなかったが、ジルカは大満足だった。自分のガールフレンドの魅力を作品に閉じ込め、永久保存したいという願望を叶えることができたからである。

クリスティーナ自身は歌姫を演じることを楽しんでいた。クリスティーナに続いてジェームス・チャンス、ウォズ(ノット・ウォズ)(Was (Not Was))など時代を先取りする尖ったアーティスト達を発掘し、ZEレーベルはカルトから一躍ヒップなレーベルとして注目されるようになった。

ジルカのクリスティーナへの気持ちはさらに盛り上がり、クリスティーナはアルバムの制作に取りかかった。同レーベルの*キッド・クレオール・アンド・ザ・ココナッツ(Kid Creole And The Coconuts)のオーガスト・ダーネルが作曲を担当し、バック・バンドとして演奏してくれたおかげで、シングルよりもファンキーでアヴァンギャルドなクリスティーナの魅力がしっかりとパッケージングされたものに仕上がった。ジャケットには彼女の煽動的でセクシーな下着姿が写し出され、シンプルに「クリスティーナ」と名付けられた。

*キッド・クレオール・アンド・ザ・ココナッツ(Kid Creole And The Coconuts):
キッド・クレオールことオーガスト・ダーネルが率いるバンド。ラテンやファンクなどを取り入れたサウンド。

このアルバムにはクリスティーナを象徴する曲が収録されている。日本でも〝シェリーに口づけ〟で知られるミッシェル・ポルナレフの〝*ノンノン人形〟のカバーである。サックス、カウベルをふんだんにちりばめたファンキーな〝ノンノン人形〟では、破廉恥なお嬢様クリスティーナの小悪魔ぶりが炸裂している。彼女は自分の生まれ持った素質をエンターテイメントに昇華できるこの仕事が好きになっていった。賢い令嬢がダーティーでセクシーな悪女へと変貌するギャップを彼女自身が一番楽しんでいた。

クラシックや定番のものを違った視点で見ることを好んだ彼女は、音楽のフィールドでも独自の感性を光らせた。特にビートルズ（The Beatles）〝ドライブ・マイ・カー〟のカバーではアヴァンギャルドさとセクシーさが炸裂し、マンハッタンの夜に光り輝くネオンのように妖しくも美しいダンスチューンへと作り替えてしまった。

クリスティーナのほとんどの作品にジルカは監修として参加し、彼は彼女を最大限に美しく、前衛的なイメージにパッケージングすることに躍起になっていった。どんなに予算がかさもうと、レーベル・オーナー、資産家の息子としての権力を使ってお金をつぎ込むという無謀なやり方だった。

二枚目のアルバム「スリープ・イット・オフ」はウォズ（ノット・ウォズ）のド

＊ノンノン人形：
ミッシェル・ポルナレフのデビュー・シングル。フランスでは数週間で15万枚も売り上げるヒット作に。

ンを起用した。新鋭のアーティスト、*ジャン＝ポール・グードがエキセントリックなジャケット・デザインを手がけている（後に同じアイデアがグレース・ジョーンズの作品でも使われている）。一流のアーティストをずらりと揃えながらも、この作品はヒットには結び付かなかった。彼女の書く歌詞は都会の退廃的な人生を辛辣に表現し、作品全体がインテリで小難しいと酷評された（再評価の熱が高まり二〇〇四年に再発されている）。

しかし当のクリスティーナは自分のレコードのセールスや周りからの評判を気にする様子もなく、ジルカと結婚し、子どもにも恵まれ、妻そして母親としての生活を楽しんでいる様子だった。その生活を最優先させ、大好きだった音楽から距離を置くためにもニューヨークを離れ、一家でテキサスへと拠点を移す。「まるで高速の*ボヴァリー夫人にでもなった気分。」とその車での長旅のことを回想している。

洗練されたニューヨークの生活に慣れ親しんだクリスティーナはテキサスでの田舎生活に耐えきれず、彼女をお人形のように可愛がったジルカとの結婚も破綻した。彼女は即座に心の故郷であるニューヨークへと飛び帰った。インタビューなどには積極的に答えていたが、肝心の音楽活動を再開することはなかった。イギリスの音楽雑誌メロディー・メーカーのインタビューでクリスティーナは「なんで君はマドンナみたいに曲を書いたりできないんだ?ってジルカが聞くから、

＊ボヴァリー夫人：
ギュスターヴ・フローベルの代表小説。妻であるエマが退屈な日常から逃れるために夫ではない男性に恋をし、のめり込んでいくストーリー。

＊ジャン＝ポール・グード（Jean-Paul Goude）：
フランス人アートディレクター。ギャラリー・ラファイエットの広告やグレース・ジョーンズのジャケット・デザインでも知られる。デカダンで奇想天外なイメージを形にする天才。

私には脳があるから書けないのよって答えてあげたわ。」と当時のことを振り返って発言している。ジルカは彼女をポップ・クイーンに仕立て上げたかったけれど、彼女は操り人形になることを拒んだ。自己表現としての音楽活動以上のことをまったく望んでいなかった。

退廃的な美学を追究した彼女のクリスマス・テーブルには、シャンパンでもワインでもなくスコッチ・ウィスキーの*J&B、そして豪華なクリスマス・ディナーの代わりにヘビースモーカーの彼女らしく灰皿が乗っている。彼女の幸せを定義するのは他の誰でもなく、彼女自身だというメッセージがその退屈な表情からも伝わってくる。

*J&B:
ジャステリーニ&ブルックス社のスコッチ・ウィスキー。値段も手頃でアメリカで人気の銘柄。

Rose Melberg

Go Sailor, The Softies

ローズ・メルバーグ (Go Sailor / The Softies)

――ガーリーな魅力あふれるアノラック・サウンズの革命家

「ローズ、君の作曲の才能は井戸ではなく川なんだ。川の水が干上がらないのと同じで才能が枯れるようなことには絶対ならないよ。」

Kレーベルのオーナーであるカルヴィン・ジョンソンは、ローズ・メルバーグにこう助言した。その時ローズはソロのミュージシャンとして新たな一歩を踏み出すことに不安を抱えていた。

九月二九日生まれの天秤座。プロのミュージシャンである両親の元、妹サラと共に愛情溢れる家庭でローズは育つ。両親の職業柄、家の中はいつでも音楽で溢れていた。その環境の中で、ローズはティーンエイジャーになるとパンクに目覚める。パンクに夢中だったローズは今のガーリーな見た目からはまったく想像が付かないが、サイドを刈上げてモヒカンに挑戦した時期もあった。

彼女が十六歳の時にギターを習い始めたのは自然な流れだった。エレキギターを手にしたローズは、ノイジーでパンクなバンドをやりたいと熱望する。しかし、同じ趣味を分かち合える友人になかなか巡り会えず、フラストレーションを抱えながら退屈な日々を過ごしていた。

地元サクラメントで、二十歳にしてやっと仲間と出会う。ギタリストのアンジェラ・ロイ、ベースのジェン・ブラウン、ドラマーのヘザー・ダン、音楽の趣味を共有できるこの四人で、九二年にタイガー・トラップ（Tiger Trap）を結成。バンド名は「*カルヴィンとホッブス」という漫画から付けられた。ローズにとって初めてのバンドであり、その活動はすぐに彼女のすべてになった。

結成から間もなく、タイガー・トラップはオリンピア出身のライオットガール・バンドとして人気を博した*ブラットモバイル（Bratmobile）からスプリット・シングルをリリースしないかと誘いを受ける。ローズにとって彼女達は憧れの存在で、リリースが決まると歓喜した。逆立ちする女の子の可愛いイラストに、茶目っ気たっぷりに「*価格は二ドル。それ以上払っちゃ駄目。」と注意書きが加えられたジャケット。タイガー・トラップの〝ワーズ・アンド・スマイルズ〟はその可愛いデザインとは正反対のロウでノイジーなサウンドだった。録音状態の悪さもあるが、演奏技術はまだ発達途上で、ドタバタとまとまりがない（後にアルバムに収録された同曲は、新たに録音されたもので、その違いは歴然である）。このシングルはサンフランシスコの南に位置するベルモントのFour Letter Wordsレーベルからリリースされ、タイガー・トラップはインディ・ポップの熱心な愛好者、ライオット・ガール達

＊「価格は二ドル。それ以上払っちゃ駄目。」：
"two dollars do not pay more"とジャケットにはプリントされた。

＊ブラットモバイル（Bratmobile）：
第一世代ライオットガール・バンド。オレゴン大で出会ったアリソン・ウォルフェ、モリー・ニューマン（二人は伝説のファンジン「Girl Germs」を制作）、エリン・スミスによって結成された。当初メンバーは楽器が弾けず、アカペラでパフォーマンスした。

＊カルヴィンとホッブス：
アメリカを中心に85年～95年にかけて新聞に掲載されたビル・ワターソン作のコミック。少年カルヴィンと虎のぬいぐるみホッブスが主人公。

にも知られる存在となる。

その頃*ビキニ・キル（Bikini Kill）を代表とするライオット・ガールのムーブメントがオリンピア、サクラメントなどの西海岸で全盛期を迎えていた。そんな中で、タイガー・トラップは周囲のガールズ・バンドと共通点を持ちながらも、サウンドに決定的な違いがあった。

バンド結成当初、ローズはノイジーでパンクなバンドをやりたいと構想を練っていた。しかし、いざ曲が出来上がると、彼女の意志とは関係なく六〇年代のガールズ・グループのようなラブリーなメロディーに、幼さの残る可憐なコーラスとジャングリーなギターの要素が自然と入ってきてしまうのだった。ローズは思いがけない自分の音楽性に戸惑う。

当初ローズが望んでいたシーンからはみ出てしまったが、そのローズならではのサウンドを気に入ってくれる人が現れる。それはKレーベルのオーナー、カルヴィン・ジョンソンだ。曲を聴くなり、タイガー・トラップの虜となったカルヴィンはシングル、そしてアルバムを自分のKレーベルからリリースするべきだとローズを説得した。突然の熱烈なオファーにローズは驚いたが、カルヴィンの期待に応えるためにレコーディングに取りかかる。そして後にヴィヴィアン・ガールズなどのガールズ・バンド達の布石となるアルバムが完成した。

*ビキニ・キル（Bikini Kill）：90年にキャスリーン・ハンナとトビ・ヴェイルを中心に結成。ライオットガール・バンドの代名詞的な存在。トビはかつてニルヴァーナのカート・コバーンと交際していた。

そのセルフタイトルのアルバムはパンク、ギター・ポップなど多くのリスナーから支持され、今後の活動に注目が集まっていたが、シングル〝サワー・グラス〟をリリースしてすぐに、音楽性の違いによりタイガー・トラップは解散を決めた。デビューからわずか一年半、サンフランシスコでのライブが彼女達にとって最後の舞台となった。個性の強い四人が同じ目標に向かう難しさ、女子の友情の脆さをローズはタイガー・トラップを通じて学んだ。線香花火のようにあっという間に火は消えてしまったが、その輝きがローズに自信を与えてくれた。

生まれ育ったサクラメントを離れ、彼女はポートランドに辿り着く。そこには地元のミュージシャン達が集まり、小規模だが居心地のよいコミュニティーがいくつか存在した。彼女はポートランドの温かな雰囲気にすぐに溶け込み、二つのプロジェクトを同時に進行させ、精力的に音楽活動を続ける。

彼女がまずスタートさせたバンドは以前のようなバンドの形態をとらないものだった。ルックスも声質もローズと瓜二つの*ジェン・スブラジアと二人ユニットを組んで、ソフティーズ（The Softies）と名付けた。ローズのかねてからのファン達は、ローズとジェンの組み合わせを*インディゴ・ガールズ（Indigo Girls）のエイミーとエミリーに重ね合わせ、キュートでフォーキーなサウンドを期待。エイミーとエミリーはアコースティックギターを抱えていたが、ジェンとローズが抱えてき

*インディゴ・ガールズ（Indigo Girls）：
エイミー＆エミリーの幼なじみによるフォーク・デュオ。映画「ボーイズ・オン・ザ・サイド」にも二人で出演している。

*ジェン・スブラジア（Jen Sbragia）：
ソフティーズ以後はAll Girl Summer Fun Bandのメンバーとして活動する。

たのはエレキギターだった。周囲が自分達に何を求めているのか知りつつも、彼女はエレキギターにこだわり、ドラムレスのポップ・バンドをやりたいという信念を貫く。四曲入りののシングル〝ラブシート〟は以前から親交を深め、彼女の音楽のよき理解者マイク・シュカルツマンが運営するSlumberlandレーベルからリリースされた。ソフティーズとタイガー・トラップのサウンドとを比較すると、その違いは歴然としていた。ローズの歌声は格段にソフトになり、まるでお気に入りのブランケットのように聴く人を優しく包み込んでくれる。アコースティックギターより力強いエレキギターはメロディーのよさを際立たせ、ソフトなヴォーカルとのコントラストは斬新なものとなった。失恋の気持ちが込められた切ない歌詞は女の子達の共感を呼ぶ。ソフティーズの曲はどれもビターなチョコレートのようにほろ苦かった。

二つ目のプロジェクトはポジティブでガチャガチャとしたガレージなサウンドで、ザ・ソフティーズとは真逆のものとなった。ローズは*クリンプシュライン（Crimpshrine）の凄腕ギターリストのポール・カラン、*ヘンリーズ・ドレス（Henry's Dress）でドラムを叩いていたエイミー・リントンに出会ったことをきっかけに、一緒にバンドをやりたいという純粋な気持ちでゴー・セイラー（Go Sailor）をスタートさせる。タイガー・トラップと比較すると、サウンドはよりタイトなものとな

*ヘンリーズ・ドレス（Henry's Dress）：Slumberlandレーベルを代表するアイスラーズ・セット（The Aislers Set）の前進バンド。

*クリンプシュライン（Crimpshrine）：カリフォルニア、バークレーのパンク・バンド。結成当時、メンバーは13歳だった。

り、ローズの書くメロディーラインを際立たせた。ゴー・セイラーはすぐにインディー好きのハートを掴み、ローズの才能を決定付けるバンドとなる。ジャケットに描かれた女の子のイラストやデザインはローズの親友であり、ソフティーズの片割れであるジェンが手掛け、サポートしてくれた。ジェンのデザインのおかげでバンドが持つトゥイーなイメージがファンの間でも定着し、ゴー・セイラーは九〇年代のトゥイー・バンドの代表格となる。九五年にシングル三枚を残し、Lookout! レーベルからシングルにさらに曲を加えた形で編集盤を発表したものの、生活の変化などでバンドがバラバラになり、タイガー・トラップ同様、ファンに惜しまれながらもあっけなく、ローズはゴー・セイラーの活動に終止符を打った。

掛け持ちでやっていた二つのプロジェクトが一つになり、ローズはソフティーズの活動に専念するようになる。「イッツ・ラブ」、「ザ・ソフティーズ」、「ウィンター・パージェント」と立て続けにリリースされたアルバムは批評家からも高く評価され、*エリオット・スミスの前座としてツアーで各地を転々とし、さらに海を越え、日本でも小さなソフティーズ旋風を巻き起こした。

ローズは結婚を機にジェンの元を離れ、カナダのバンクーバーへと移る。ゲイズ（Gaze）にドラムとして参加しながら、彼女はソロ活動をスタートさせた。ロー

*エリオット・スミス
(Elliott Smith)
エリオット・スミス：90年代から2000年代に活躍したアメリカ出身のシンガー・ソングライター。アカデミー歌曲賞にノミネートされ脚光を浴びるが、34歳という若さで突然の死を迎える。

ズはタイガー・トラップ時代にもコンピレーションに参加するためにソロ名義で録音しているが、ローズ・メルバーグというソロ・アーティストとして本格的にレコーディングするのは初めての経験だった。ドラム、ベース、ギターとマルチにこなせるローズだったが、バンドとの違いに戸惑いもあり、ペースを掴むまでに時間がかかった。今までに作った曲を寄せ集め、バンクーバーという自然に囲まれた場所でレコーディングした「ポートラ」は瑞々しく、温かい、ローズの人柄を映し出した作品となる。

ローズはソロ制作の一方で、休止していたソフティーズの活動を三年ぶりに再開できるように準備を整えていた。ローズの故郷サクラメントにジェンを呼び寄せ、アルバム「ホリデイ・イン・ロード・アイランド」を録音した。このラスト・アルバムも彼女達にとって家族同然のKレーベルからリリースされ、ローズとジェンの二人に思い残すことはなかった。アルバムのリリースを機に、ソフティーズは五年の活動に幕を引いた。休止していた期間を含めると五年。ローズにとってもっとも息の長いプロジェクトが終わりを迎え、寂しさや悲しみよりもジェンと積み重ねてきた思い出の尊さを彼女は噛み締めていた。

移り住んだバンクーバーでローズは男の子を授かる。子育てで音楽活動に制限はあったが、それが少し落ち着いてくると、合間を縫って音楽を作るのが彼女の日課となる。

二〇〇五年、本格的にソロの作品に取り組んでみようと試みるが、二十歳でバンドを始めて以来、これほど長く音楽から遠ざかる経験がなかったローズは、曲を作る感覚を取り戻そうと躍起になりながら、なかなか上手くいかないことに心を痛め、焦り始める。プレッシャーを感じれば感じるほど制作は上手くいかなかった。にっちもさっちもいかなくなり、ローズはその不安を彼女の音楽を親身に分析してくれるカルヴィンに相談しアドバイスを求めた。

カルヴィンの助言は冒頭にある、ローズの才能を肯定するものだった。誰よりも身近でローズの才能を信じ続けてきたカルヴィンの力強い言葉が、彼女を不安から解放してくれた。ローズはそのカルヴィンの言葉に応えたい、そんな一心でアルバム「キャスト・アウェイ・ザ・クラウズ」を完成させた。母となり、曲はより柔らかく、豊潤なものになり、今までにないローズの魅力も加わった作品になった。

しかし音楽活動を再開し、自信を取り戻す最中、夫婦関係は冷えきったものになっていった。ローズは彼女ができる最良の方法としてシングルマザーの道を選択する。その結果をまったく後悔することはなかった。彼女は息子を育てるためにフルタイムのコンピューターの仕事に専念し、再び音楽から離れることになったが、またいつか音楽をやれる日常が戻ることを心のどこかで強く願っていた。ソロであれ、バンドであれ、最後に彼女が戻る場所は彼女を温かく見守ってくれるファン、そして彼女の音楽を愛し続けてくれるカルヴィンを始めとする友人達がいる場所だということを信じる気持ちがローズの背中を押してくれた。

愛する息子もすくすくと育ち、手が離れると、ローズは本格的に音楽活動を再開した。ゴー・セイラーの再結成だけでなく、数々のプロジェクトに関わるローズの生活は今一番充実している。

けっして完璧な人生ではないけれど、音楽がもたらしてくれたこの人生に悔いが残らないよう、ローズは自分の才能を信じて突き進んでいく。

Debsey Wykes

Dolly Mixture

デブシー・ワイクス (Dolly Mixture)

――インディペンデントを貫いたガールズ・ギャング

「わたしたちはドリー・ミクスチャー・ギャング、三人の女の子でバンドをやっているの。ドラムのヘスター、ベースのデブシー、ギターのレイチェル、この三人でみんなをリードするわよ！」これはライブの一番始めに演奏するのがお決まりの〝ドリー・ミクスチャー・テーマ〟。

「*アンダートーンズ（The Undertones）と同じくらいビッグになること」という夢を抱え、十九歳のデブシー・ワイクスはバンド・メンバーのヘスターとレイチェルと共にロンドンへとやってきた。大人の男性が牛耳る音楽業界に身を投じ、彼女達が学んだことは「とても野心的になること」そして「いつだって騙されないように慎重になること」の二つ。荒波にもまれながらも彼女達は自分達の信念を貫き、颯爽と時代を駆け抜けていった。

物語はロンドンのバーンズで生まれ育ったデブシーが十三歳の時、ケンブリッジに引っ越してきたところからスタートする。

デブシーは高校でヘスター・スミスと出会い、ギターの弾き方も知らないまま

*アンダートーンズ
(The Undertones)：
北アイルランドで75年に結成。ニューウェーブ、パンクなサウンドで若者達。ジョン・ピールの心を掴み、「ティーンエイジ・キックス」はジョン・ピールが自分の葬式でかけてほしいと熱望するほどだった。

アコースティック・ギターとビスケット缶でリズムを刻んで曲を作り始めた。二人はどうしてもバンドをやりたかった。仕方なく、学生バンドにコーラスとして参加してみたものの、たった一回のライブであっけなく解散。彼女達は深く落胆した。その当時イギリス全土にパンク旋風が巻き起こり、ケンブリッジもまたその熱狂の渦に巻き込まれていた。特に地元バンドのユーザーズ（Users）の人気は圧倒的で、デブシーやヘスターもそれに漏れず、彼らの大ファンだった。ユーザーズのドラマーのアンドリューには彼女達と同世代の妹レイチェルがおり、彼女とライブなどで顔を合わせるようになると、意気投合するまでに時間はかからなかった。のちにこの三人がドリー・ミクスチャー（Dolly Mixture）となる。三人共楽器は初心者で、まともに演奏などできなかった。しかし彼女達はバンドをやりたいという純粋な思いに突き動かされていく。

アンドリューの部屋にあった楽器を勝手に拝借し、秘密の特訓をスタート。手が小さいからという理由でヘスターはドラム担当に。レイチェルはベースを弾きたがったけれど、三人のなかで唯一ギターがちょっと弾けるという理由でギターのパートになった。凄腕のギタリストになるのを小さな頃から夢見てきたデブシーだったが、いっこうに上達する兆しがなかったため、消去法で彼女のパートはベースとなる。

初めての音合わせは七八年二月六日、*テリー・スタンプが作曲した〝ホンキー・ホンダ〟を三人で選んで演奏した。その内容はまだまだ拙いものだったが、デブシーは日記に「大体オッケーな感じ」と綴っている。数時間の練習よりも、その後にパブでビールを飲みながら、お喋りする時間のほうが圧倒的に長い。そんな三人は音に対してとても楽観的なタイプだった。そんな他愛もないガールズ・トークの時間こそが彼女達の結束を高めてくれた。

バンド結成時、三人は誰ひとりとしてリード・ヴォーカルを担当する気はなく、ヴォーカルを探す必要があった。さらにヴォーカルだけでなく、彼女達はバンド名も必要としていた。砂糖がまぶされた色とりどりのとびきり甘いグミ「ドリー・ミクスチャー」にしようというのはヘスターの案で、「絶対にドリー・ミクスチャーにするべきよ!」という彼女の勢いに他の二人は圧倒され、バンド名が決まった。そこからドリー・ミクスチャーは本格的に始動する。

練習を始めてから約二ヶ月、セント・ジョージ・ホールで開催された友人の誕生日パーティーで彼女達の記念すべき初ライブを披露することになる。当初は友人のドーンという女の子が歌う予定だったが、急遽来れなくなってしまったため、デブシーの大学での友人クリスがピンチヒッターとして歌うことになった。初ライブではまだオリジナル曲が少なかったのでカバーの割合が多く、オズモンズ(The

*テリー・スタンプ:
サード・ワールド・ワー(Third World War)として2枚アルバムを残しソロ・ミュージシャンに転身した。

Osmonds）の〃オール・フォール・ダウン〃、ビートルズ（The Beatles）の〃ホワイル・マイ・ギター・ジェントリー・ウィープス〃に加え、レイチェルが書き下ろした〃ノーバディー・トゥー・ユー〃、そしてオープニングの定番曲となった〃ドリー・ミクスチャー・テーマ〃を含む七曲を披露した。初めてのステージでの演奏は、慣れないことばかりで自分達の思い通りにはいかず、三人は落胆する。

デブシーはライブでの苦い経験を教訓にし、練習を重ねて曲を書き溜めていた。レイチェルはいまだにギターのコードもままならず、作曲する時も他のメンバーに「もうちょっと上のほうじゃない？」とアドバイスされ、ギターフレットの上で指を滑らせるありさまだった。成功への道はとても険しく、ゴールはまったく見えない状況だった。

まだまだ未熟な三人だったが、彼女達の周りには自然と仲間が集まった。年上のバンドマン達からアドバイスを受け、デブシー達は結成から一年間はケンブリッジでひたすらライブの経験を積むことに決めた。そしてクリスタルズ（The Crystals）の〃ダ・ドゥ・ロン・ロン〃やシフォンズ（The Ciffons）の〃ストップ・ルック・アンド・リッスン〃など六〇年代ガールズ・グループのカバーも演奏曲リストに加え、それに着想を得たオリジナル曲も順調に増えていく。

急速にバンドとして成長していくデブシー達の次のステップは、シングルをリリースすることだった。ドリー・ミクスチャーのレコード、それは彼女達にとって一つのゴールであり、そのためにはレーベルとの契約が大前提だと考えた。より多くのレーベルに自分達の存在を知ってもらうために、デモテープが必要となる。デブシー達はすぐに初めてのレコーディングにとりかかった。

三人はクラレンドン通りとヴィクトリア通りが交差する角の地下にある、スペースワードというスタジオにこもって録音に没頭する。そのスタジオと彼女達の相性はばっちりで、出来上がった音はまさに彼女達が愛したガールズ・グループの音そのものになった。デブシーは自分達のサウンドに興奮した。

〝ディバイデット・バイ・ア・ウォール〟、〝ドリーム・カム・トゥルー〟など甘酸っぱいメロディーが収録されたデモテープは完成した。彼女達にとって大切なテープを、くれぐれも紛失しないように鞄にしっかりとしまい込み、三人はいざロンドンへと出発。デブシーは第一印象が大切だと他のメンバーに言い聞かせ、三人はお揃いの*ボーラー・ハットをかぶって電車に乗り込んだ。ロンドンに近付くにつれ、デブシーの胸は期待と不安の両方で高鳴っていった。

デモテープも服装のアイデアも完璧だったにもかかわらず、事前にアポイントを取るという最重要事項が彼女達の思考からは抜け落ちていた。デブシー達はキングスクロス駅に到着し、駅の公衆電話から数々のレコード会社に電話をかけて

*ボーラー・ハット：
フェルト素材の山高帽。

みたが、彼女達の話にとりあってくれる大人はほとんどいなかった。唯一例外だったのはStiffレーベルで、「次の月曜日なら時間を作れるけど。」と興味を示してくれた。残念なことに、三人共月曜日には学校があるためケンブリッジに戻らなければならない。デプシー達は後ろ髪を引かれつつも断念するしかなかった。

ロンドン行きは徒労に終わったが、どこからかデモテープが*ジョン・ピール(John Peel)の手に渡ったことで、ドリー・ミクスチャーは彼の番組でセッションを録音するきっかけを手に入れた。ジョンのお眼鏡にかなったバンドが成功していく例をたくさん見てきた彼女達は、自分達も成功への切符を手にしたと心躍らせた。

しかし、そのセッションに立ち会ったプロデューサーのジョン・ウォルターズは彼女達のサウンドに好感を持たず、その態度をあからさまにした。ドリー・ミクスチャーの三人は彼のその冷ややかな態度に失望する。せっかくのチャンスをものにできず、デプシーは何より悔しい気持ちで胸がいっぱいで苦しかった。

バンドとしての活動が思い通りにいかず、デプシーは未来に希望を持てなくなっていた。しかし兄のように慕っていたユーザーズのフロントマン、フィル・ジェームスがマネージャーとして手を貸してくれることになったおかげで事態は一転する。彼はさっそく、ドリー・ミクスチャーとエージェント会社のカウベル

*ジョン・ピール：
トレイシー・ソーン
(P.15参照)。

との契約を獲得。当時人気が最高潮に達していた*ヴァイパーズ（The Vipers）の前座に彼女達をブッキングした。

七九年九月一六日、彼女達にとって初めてのロンドン公演がフルハム・グレイハウンドで行われた。彼女達はキラキラとしたポップなメロディー、キャッチーなルックスのおかげで観客の気を引くことに成功する。その演奏の評価も高く、一夜にしてドリー・ミクスチャーはガールズ・バンドのアイコンとなった。音楽誌は彼女達をこぞって取り上げ、紙面に載らない日はないほどの人気ぶりだった。デブシー達の期待は高まったが、残念ながら一向にレーベルとの契約には結び付かなかった。

実は、その鍵を握っていたのはマネージャーのフィルだった。彼はドリー・ミクスチャーを大手レーベルと契約させることを目標にし、インディー・レーベルのオファーに対し、すべて独断で「ノー」と断っていた。そのせいでレーベルとの契約は難航。デブシーを含む三人はその状況を知るよしもなく時間だけが過ぎていく。フィルは、契約を勝ち取るためにはロンドンに住むのが絶対条件だと三人を説得し、ソーホーにある彼のボロアパートに住まわせ、契約獲得の時を待った。

有名バンドのサポートとしてライブには出演するものの、レコードをリリースする目標はクリアできないままの生活が続く。デキシーズ・ミッドナイト・ラン

*ヴァイパーズ(The Vipers)：
アイルランド出身のパンク・バンド。ジョン・ピールが彼らの才能に目を付け、地元ダブリンだけでなく、ロンドンでも人気バンドとなる。

ナーズ（Dexys Midnight Runners）やマッドネス（Maddness）など旬のバンドの前座として出演することが決まっていたが、ロンドンの生活は苦しかった。食費を切り詰め、*バセッツから支給されるおやつを主食にしていた不健康な生活がたたって、デプシーはウィルス性の高熱で倒れてしまう。彼女の身体のことを最優先させ、三人はロンドンでの生活を諦め地元ケンブリッジへと舞い戻った。もちろん、ライブのオファーもすべて白紙になってしまう。

地元に戻り、デプシーの体調も回復。彼女達は、もうこうなったらどんな形でもいいからドリー・ミクスチャーのレコードを出したいという思いで動き出す。すぐに〝ジョネイ・ジョネイ〟を自主録音し、インディー・レーベルからレコードを出す計画を進めた。その最中という、思いがけないタイミングで地元ケンブリッジの*Chrysalisからドリー・ミクスチャーにお声がかかる。彼女達はてっきりオリジナル曲を収録できるのかと思っていたが、マネージャーのフィルもレーベルA&Rのロイ・アルドリッジも彼女達にガールズ・グループのカバーをやるべきだと強く主張した。それに対して「ノー」と言えないほど追い詰められていた三人は仕方なく、提案された*シュレルズ（The Shirelles）の〝ベイビー・イッツ・ユー〟を録音する。とにかく自分達の作品を世に出すこと、それが最優先だった。

肝心のシングルへの評価は賛否両論だった。ジョン・ピールは作品に対しポジ

*シュレルズ(The Shirelles)：
60年代のガールズグループを代表する4人組。“トゥナイト・イズ・ザ・ナイト”でブレイク。“ウィル・ユー・ラブ・ミー・トゥモロー”など名曲を生み出した。

*Chrysalis
69年に設立。ワーナー・ミュージック傘下のレーベルだったが、現在は機能していない。80年代にはニューロマンティック系のアーティストを多数輩出した。

*バセッツ：
イギリスを代表するお菓子メーカー。ドリー・ミクスチャーの由来にもなったカラフルなキャンディーやグミが有名。

ティブな反応を示したが、彼女達がオリジナルをやらなかったことをとても残念がった。オリジナル曲を作って最高のガールズ・バンドになりたいという想いも虚しく、デプシー、ヘスター、レイチェルの三人はガールズ・バンドの型にはめられてしまう。権限などまったく与えられないのが現状だった。

彼女達をチェスの駒のように思い通りにしようとしていたChrysalisは、たった一枚のリリースであっという間にお払い箱にしてしまう。レーベルが、気の強い彼女達とバンドの方針について口論になることにうんざりした結果だった。しかしデプシーは、その結果に落胆するどころか清々した気分だったと後に回想している。

レーベルを失い途方に暮れているところに、追い打ちをかけるようにメディアは手のひらを返す。雑誌はこぞってドリー・ミクスチャーを批判のターゲットにし、攻撃を始めた。特に「NME」のディアンヌ・ピアーソンは見出しで「砂糖のように甘いスイーツは若者を腐食する」とうたい、彼女達のガーリーでスウィートなサウンドを中傷した。

メディアの攻撃を受けながらも、彼女達に対する風向きは変わっていく。オレンジ・ジュース（Orange Juice）など、グラスゴーの良質なバンドが所属するPostcardレーベルなどの誕生により、今までねじ曲げられていた彼女達の魅力がやっと正当に理解されるように変化していった。

それをさらに手助けしてくれたのが*ポール・ウェラーだった。彼がドリー・ミクスチャーをフックアップしてくれたおかげで、絶大な影響力をもっていたジャム(The Jam)の前座として、多くの観客の前で演奏する機会を得られた。その当時ウェラーは「女性シンガーでお気に入りなのは*スージー・スーとドリー・ミクスチャーの三人だね。」と公言するほどデブシー達を評価してくれていた。ジャム主催のクリスマス・パーティーに招待された三人は、当時、ジャムの敏腕マネージャーでもあったウェラーの父親に「自分達のマネージャーもやって欲しい。」と不躾に頼み込んだ。彼はドリー・ミクスチャーの魅力を評価していたが、超多忙なジャムのマネージャーとの兼任は難しいと断られてしまう。しかし、その代わりにウェラーの母親に頼んだらどうかと、紹介してくれた。結局ウェラーの母親はドリー・ミクスチャーの正式なマネージャーにはならなかったものの、夫妻は彼女達を娘のように可愛がり、とても親切にしてくれた。特にウェラーの母は大手のPolydorレーベルの重役デニス・ムンディにドリー・ミクスチャーと契約すべきだと粘り強く頼み込んでくれた。残念なことに、Polydorとの契約には至らなかったものの、彼女達はウェラー夫妻に対する感謝の気持ちでいっぱいだった。八一年、ウェラー自身が運営する*Respondレーベルが Polydorの傘

*Respond:
ジャムの解散と重なるようにポール・ウェラーが始動したレーベル。クエスチョンズ(The Questions)やTracie Young(トレイシー・ヤング)など新しいモータウン・スタイルを提案していった。日本ではトラットリア・レーベルがRespondの作品をリリースしていた。

*スージー・スー:
トレイシー・ソーン(P.14参照)。

*ポール・ウェラー:
国民的バンドとして人気絶頂時に解散したジャムのフロントマンであり、スタイル・カウンシル(The Style Council)を経てソロ・ミュージシャンとして現在でも活躍中。息子のナット・ウェラーはヴィジュアル系アーティストとして日本デビューしている。

下に入る。それを機に彼女達はRespondとの契約書にサインした。

それからすべてが急速に進みだした。その年の秋には彼女達の二枚目のシングルとなる〝ビーン・ティーン〟がリリース。*ＢＢＣでの宣伝効果も絶大で、約三千枚を売り上げる大ヒット作となる。その曲のプロデューサーには*ダムド（The Damned）の*キャプテン・センシブルが自ら名乗り上げ、デプシー達は喜んで起用した。彼はライブを見て以来、ドリー・ミクスチャーの才能に惚れ込み、彼女達のデモの録音にも手を貸してくれた。

〝ビーン・ティーン〟のヒットから一年が経ち、次作の話になった。メンバーもウェラーも特にお気に入りだった〝エヴリシング・アンド・モア〟をシングルとしてリリース。そのレコードが店頭に並ぶのと同時期にキャプテン・センシブルはドリー・ミクスチャーをバック・コーラスに迎え、映画「*サウス・パシフィック」で使われた〝ハッピー・トーク〟をカバーし、シングルとしてリリースした。そのシングルはまったく期待されていなかったにもかかわらず、全英チャートで一位を獲得する。

その余波のせいで、彼女達はガールズ・バンドのイメージよりもキャプテン・センシブルの後ろで歌う可愛いコーラス隊として認識されるようになってしまう。デプシー達はその状況のせいでせっかく成功も素直に喜べなかった。

＊「サウス・パシフィック」：
ブロードウェイ・ミュージカル「南太平洋」を58年に映画化。このサウンドトラックはヒットし、日本でも“ハッピー・トーク”がキリンビールのCMソングに使われた。

＊キャプテン・センシブル（Captain Sensible）：
本名レイモンド・バーンズ。ダムドの中では三枚目キャラで赤いベレー帽とサングラスがチャームポイント。ソロ作品ではエレポップ色が強い。シングル“WOT”のビデオにはドリー・ミクスチャーの三人が出演している。

＊ダムド（The Damned）：
セックス・ピストルズやクラッシュと並んでイギリスのパンク・シーンを盛り上げた立役者。77年にリリースされた「ダムド・ダムド・ダムド」（邦題「地獄に堕ちた野郎ども」）はニック・ロウがプロデューサーを務めた。ヴォーカルのデイヴ・ヴァニアンの独自のメイクは後年のミュージシャンたちにも影響を与えた。

＊BBC：
イギリスの国営放送局。テレビやラジオなど多岐に渡る。かつてはジョン・ピールもDJとして在籍したBBCレディオ1は今でも音楽業界に多大な影響力を持っている。

ジャムの解散により、ウェラーを取り巻く環境は様変わりする。ウェラーは新プロジェクトである*スタイル・カウンシル（Style Council）の活動に没頭し、レーベル運営への熱意は時が経つにつれて冷めていった。その結果、ドリー・ミクスチャーのアルバムをリリースしたいという思いもどこかへ消えてしまった。マネージャーもエージェントもいない、そんな過酷な状況で急遽デプシーの弟がマネージャーに名乗り出てくれたが、それは彼女達の状況を変える解決策にはならなかった。

八三年当時、*ベル・スターズ（The Belle Stars）や*バナナラマ（Bananarama）など数々のガールズ・バンドが生み出され、ブームになった。しかし、どのグループもレーベル側があらかじめ決めた楽曲をカバーするばかり。ドリー・ミクスチャーのようにオリジナル曲をやりたいと強く意思表示をするガールズ・バンドは皆無で、世間もそんなバンドを必要としていないのが明白だった。

最後の砦だったRCAレーベルとの契約も未遂で終わる。ドリー・ミクスチャーにはすべて自分達でやる以外に活動を続ける方法が残されていなかった。

デプシー達の精神状態はぎりぎりのところまできていた。それでも彼女達を応援し、手を差し伸べてくれる人も少なからず存在した。レコード流通会社*IDSのデイブ・フェイジェンスは、いかにもな業界人タイプの人間だ。彼はドリー・

*IDS：
ソフト・ボーイズ（The Soft Boys）やアズテック・カメラ（Aztec Camera）など社長デイブのアンテナにかかったアーティストをリリース。

*バナナラマ（Bananrama）：
幼なじみ三人組で結成されたユニット。デビュー前はジャムやモノクローム・セット（The Monochrome Set）のバックコーラスとしてステージに立っていた。セックス・ピストルズのスティーブ・ジョーンズとポール・クックのサポートによってデモ音源を録音し、デビュー。ショッキング・ブルー（Shocking Blue）"ヴィーナス"のカバーが大ヒットする。

*ベル・スターズ
（The Belle Stars）：
メンバーすべてが女性の7人組。ボディースナッチャーズ（The Bodysnatchers）解散後、ステラ・ベイカーとサラ＝ジェーン・オーウェン、サックスのミランダ・ジョイス、キーボードのペニー・レイトン、ドラムのジュディー・パーソンズが新たにバンドをスタートしようとメンバーを加えて結成。映画「レインマン」で使用された"IKO IKO"のカバーがヒットする。

*スタイル・カウンシル
（Style Council）：
ジャム解散後にポール・ウェラーがミック・タルボットと共に結成。サイド・ヴォーカルのD.C.リーとポール・ウェラーの間には二人の子供がいる。ジャズ、ソウル、ボサノヴァを融合させたスタイリッシュなサウンドでファーストアルバム「カフェ・ブリュ」は日本でも評価が高い。活動7年の間に4枚のオリジナル・アルバムを残した。

ミクスチャーに何か光るものがあると感じていた。失意で落ち込んでいた三人に彼は今まで録り溜めた楽曲をすべてを収録した二枚組のアルバムを出すのはどうかと提案する。予算に限りがあるので、レコードプレスだけ工場に依頼した。デプシー達は何もプリントされてない白紙のスリーブにスタンプを押し、それぞれのサインを書き「*デモンストレーション・テープス」と名付けてリリース。その流通をフェイジェンスが手伝ってくれた。リリース後、*ファン・ボーイ・スリー（Fun Boy Three）以外には大々的なツアーのオファーもなく、その年は他に大きな動きもなく、あっけなく年末を迎えた。

年が明け、彼女達にとって最後のシングル〝リメンバー・ディス〟がリリースされた。その時期と重なるように、バンドの解散に繋がる決定的な事態が発覚する。それはレイチェルの妊娠だった。彼女のお腹にはすでにキャプテン・センシブルとの赤ちゃんが宿っていたのだった。

それを告げられた時、デプシーは「私達三人はひそかに『長くやり過ぎている』と思っていたし、もうどうにもならないって気づいていたわ。」と振り返る。その段階でバンドとしての未来はないとデプシーは確信する。ハマースミスのクラレンドンでのライブがドリー・ミクスチャーとして最後のステージとなった。

「いつだって希望があった。でも最後は私達、本当にうんざりしていたの。」最

*デモンストレーション・テープス：
プロデュースにキャプテン・センシブルを迎えて制作。78年～82年のデモ音源をほぼ網羅しており、オリジナル・レコードは稀少なため、高値で取引されている。

*ファン・ボーイ・スリー（Fun Boy Three）：
イギリスのスカ・シーンを代表するスペシャルズ（The Specials）解散後、テリー・ホールを中心に結成。バナナラマともコラボレーションしたシングルもリリースしている。

後のライブもけっしてハッピーな雰囲気とは言い難かった。今まで三人で頑張って続けてきたドリー・ミクスチャーが、そんな結末を迎えてしまったことにデブシーは失望した。六年の活動期間中にたった4枚のシングル、一枚のアルバムをリリースし、彼女達は自らバンドを葬り去った。

その後、デブシーはヘスターと共にカミング・アップ・ローゼズ（Coming Up Roses）という名義で四年半活動を続け、シンガー・ソングライターのビリー・ブラッグが運営するレーベルからたった一枚の作品を残す。デブシーは偉大な女性バンドとして活動したいという夢を持っていたが、バンドは自然消滅してしまった。彼女は音楽に対する夢をを半ば諦め仕事に就き、夜間の演劇コースの授業を取ってみたり、あてもなくぶらぶらとしていた。

そんなデブシーが音楽に復帰するチャンスをくれたのは*セイント・エティエンヌ（Saint Etienne）のボブ・スタンレーである。実のところ、ボブはドリー・ミクスチャーの熱烈なファンだった。彼はデブシーをセイント・エティエンヌの新曲〝ブー・ドゥー・ユー・シンク・ユー・アー〟のレコーディングに誘う。デブシーはその年のクリスマス・ライブでもバック・ヴォーカルとしてステージに立ち、その後もライブのレギュラー・メンバーとしてツアーに同行し、日本にも訪れた。レコーディングやツアーで多忙な日々が続いていたが、彼女は思いがけず再び音

*セイント・エティエンヌ（Saint Etienne）：
ボブ・スタンレーがサッカー好きだったため、フランスのサッカーチームの名前からバンド名が付けられた。60年代のレトロなポップスをテクノやダンスミュージックに融合したサウンドで人気に。

楽のフィールドに戻ってこれたことが心から嬉しかった。

セイント・エティエンヌとレーベルメイトである*イースト・ヴィレッジ（East Village）のポール・ケリーはボブの親友で、彼もまたセイント・エティエンヌの一員としてレコーディングやライブに参加していた。ポールとデブシーの間にはすぐに不思議な感情が生まれた。初めて出会ったのに、まるで昔からお互いを知っているかのような親近感で、二人は距離を急速に縮めていった。音楽、映像、文学など、共通項は日々増えていく。そして、セイント・エティエンヌの活動が九四年に一時休止になったタイミングで、デブシーとポールはバーディー（Birdie）というユニットを組み、スタジオでも家でも愛を育むようになる。正式に夫婦になり、二人の間には子どもも生まれた。ポールにはミュージシャンだけでなく、映像作家としてのキャリアがあり、彼は愛する妻デブシーの素晴らしい功績を映像に残すためにドリー・ミクスチャーの*ドキュメンタリー・フィルムを制作する。

デブシーは今も家庭を尊重しながら、セイント・エティエンヌ再始動により再びステージに立っている。今でもヘスター、レイチェルとも連絡を取り、ドリー・ミクスチャー時代の話をすることがある。二〇一〇年には当時、彼女達が唯一残したアルバム「デモンストレーション・テープス」の貴重な音源、未発表音源や

*イースト・ヴィレッジ（East Village）：マーティン、ポール・ケリー兄弟が中心となり結成。バーズ（The Byrds）やバッファロー・スプリングフィールド（Buffalo Springfield）などに影響を受けたギターサウンド。90年にリリースされたシングルをボブ・スタンレーが2013年にHeavenlyレーベルから再発した。

*ドキュメンタリー・フィルム：デザイナー、フィルムメーカーとして活動するポール・ケリーが、当時のライブ映像などを編集して制作した「テイク・スリー・ガールズ」。2008年にスクリーニングで何度か公開しているものの、権利関係の問題で未だに一般公開はされていない。

シングル曲をすべて一つのボックスにまとめた作品がボブ・スタンレー主導でリリースされた。解説も彼が手掛けている。

デプシーはドリー・ミクスチャーの一員であったことを「普通じゃない人生を送ったと思うわ、たぶん。今思い返してみるとね。あれは私達自身にとって冒険だったのよ。たとえそれが常に素晴らしいものじゃなかったとしてもね。私はステージに立つのも、人と出会うのも好きだったわ。」と語っている。

ドリー・ミクスチャーの活動はけっして順風満帆ではなかった。しかし、ガールズ・バンドの儚い運命に翻弄されながらも、自分達のスタイルを貫き通した。「これだけは覚えていて、過去からの約束。他に何を失おうと、これだけは永遠に私のもの。」最後のシングルの中でデプシー達が込めたメッセージ。たくさんのものを犠牲にしながらも、これからも永遠に語り継がれる素晴らしい作品を生み出したデプシー、ヘスター、レイチェルは誰にも負けないガールズ・ギャングだった。

デプシーはその一員であったことを何よりも誇りに思っている。

Eighteen female musicians'

Disc Guide

TRACEY THORN
"A DISTANT SHORE" (1982/CHERRY RED)

Marine GirlsのメンバーであったJane Foxによるトレイシーのイラストが印象的。彼女が見つめる先にあるものは一体何なのだろう？と想像しながら耳を傾けると、ギターとヴォーカルだけのシンプルさ、慎ましさの中にヒリヒリと緊張感が漂ってくる。見落としてしまいがちな日々の心の揺れを、一つも逃さずに曲に閉じ込めようとした彼女の姿勢を私は何よりも愛している。

GLO-WORM
"GLIMMER" (1996/K)

オリジナルとカバーが混在するこのアルバムをオリジナルと呼べるのかと問われそうだが、疾走する「Downtown」やアコースティック・ギターでシンプルに仕上げられた「Friday I'm In Love」を聴けばその答えは明白である。子守唄を歌う母親のようにすべてを温かく包み込んでくれる、パムの研ぎすまされた歌声を堪能できる。

GENTLE WAVES
"THE GREEN FIELDS OF FOREVERLAND" (1999/JEEPSTER)

Belle And SebastianのステージでFrance Gallの「夢見るシャンソン人形」をカバーしたイザベルの映像を見てから、このソロ・デビュー作に収録された「Evensong」を聴くと、パズルのピースがはまったようなひらめきがある。哀愁漂う古きよき時代のロックに、ガーリーなエレメントを粉砂糖のようにふりかけたイザベルの曲はベッドサイドに忍ばせておきたい。

SHE & HIM
"VOLUME TWO" (2010/MERGE)

女優として多忙なゾーイがミュージシャンとして活動できるのは、強力なサポーターであるM・ウォードの存在があってこそ。カントリーやオールディーズなど小さな頃から慣れ親しんだ音楽を、彼女のフィルターを通してリメイクしていく作業は胸躍るものだろう。その楽しいレコーディングスタジオのムードを閉じ込めたセカンド・アルバムは、二人の相性のよさをデビュー・アルバム以上に感じさせてくれる。

VIVIAN GIRLS
"VIVIAN GIRLS" (2008/IN THE RED)

ヘンリー・ダーガーが『非現実の王国で』の中で描いた残酷で甘い世界と通ずるものが随所にちりばめられ、その美しさに心が崩れ落ちそうになる。「Wild Eyes」や「Tell The World」など彼女達の代表曲はもちろん、どの曲もそれぞれに違った魅力を持つ。「Where Do You Run To」を聴くたびに、猛スピードでシーンを駆け抜けていってしまった三人の姿が目に浮かび、切なさが押し寄せてくる。

VERONICA FALLS
"WAITING FOR SOMETHING TO HAPPEN" (2013/BELLA UNION)

なぜ、私達は記憶と音楽を強く結び付けてしまうのだろうのか？ 特にティーンエイジャーの時に聴いていた曲は、その思い出と共に強く蘇ってくるのが不思議である。もしあの時期にVeronica Fallsの「Teenage」に出会っていたら、世界はきっと違う風にこの目に映っていたはずだ。どの曲もカタストロフィを愛する女の子達のBGMにぴったりだ。

FAIRGROUND ATTRACTION
"THE FIRST OF A MILLION KISSES" (1988/RCA)

映画のワンシーンを切り抜いたような、ロマンチックなジャケットを眺めているだけでも胸がいっぱいになる。それは辛いことも楽しいこともひっくるめて人生を謳歌しているエディ・リーダーの歌声をそこに重ね合わせてしまうから。思わずステップを踏んでしまう「Perfect」やスウィングする「Claire」などあの時代、あの場所へとタイムスリップしてしまう曲が詰まった名盤。

THE VASELINES
"THE WAY OF THE VASELINES" (1992/SUB POP)

53rd&3rdからリリースしたデビュー・アルバム『DUM-DUM』にシングル楽曲を加えて編集されているので、余すところなくおしどり夫婦なフランシスとユージンの、アノラックなサウンドを堪能できるのが嬉しい。「Son Of A Gun」、「Molly's Lips」、険しい山道を車で疾走するようなドライヴィンな「Teenage Superstars」など、どの曲も素晴らしいメロディー・ラインで夢中にさせてくれる。

CHARLOTTE GAINSBOURG
"IRM" (2009/BECAUSE MUSIC)

今までリリースされたアルバムを並べてみると、すべての作品がモノクロのジャケットであることに気がつく。そしてそこにはシャルロットの姿が写っているが、はっきりと顔が映っているのはデビュー・アルバム『Charlotte Forever』と、この『IRM』だけである。父セルジュのように、Beckがシャルロットに曲を捧げたこの作品で、彼女はやっと自由になれた。

THE PASTELS
"ILLUMINATION" (1997/DOMINO)

『Mobile Safari』でカトリーナを迎え、新生The Pastelsになってからの2作目。子どものように無邪気なカトリーナの声が、Velvetsのルー・リードを思わせるスティーブンのロウな声と掛け合わさる「Remote Climbs」は聴くたびに新しい発見があり、けっして飽きることはない。グラスゴーの素晴らしいミュージシャン達を、上手く調理するスティーブンの力量に感動する。

WEEKEND
"LA VARIETE" (1982/ROUGH TRADE)

Young Marble Giantsではオマケ的な存在で扱われていたアリソンが、自らの道を模索して辿り着いたのがこのボサノバとジャズのエッセンスを取り入れたWeekendである。サイモン・ブースとラリー・スタビンズが、アリソンのアイデアを曲として形作っていくプロセスが興味深い。静謐でありながら情熱的なカーニヴァルが、まどろむ午後の子守唄になる。

THE LIKE
"RELEASE ME" (2010/DOWNTOWN)

オルタナティブ・ロック色が強かったデビュー作から一変し、The Beatles狂いのテネシーの趣味が炸裂。シックスティーズのガールズ・グループを現代に蘇らせたコンセプチュアルなサウンドとヴィジュアルが、少女達のハートを射止めた。「He's Not A Boy」のビデオの中では、モッドなガールズ&ボーイズがThe Likeの演奏に合わせ踊り狂い、テネシーが夢に見た世界が広がっている。

KIRSTY MCCOLL
"GALORE: THE BEST OF KIRSTY MCCOLL" (2005/EMI)

彼女の作品を集めたベスト盤は数多くリリースされており、どれも甲乙付けがたいが、代表曲を集めたこのベスト盤はカースティーの魅力を凝縮している。デビュー・シングル「They Don't Know」、代表曲の「A New England」から悲劇の事故によってこの世を去る直前の「Sun On The Water」まで網羅し、波乱に富んだ素晴らしい人生を、彼女の名曲に沿って辿ることができる。

THE SOFTIES
"IT'S LOVE" (1995/K)

温かいミルクティーにビスケットを添え、一人物思いにふける。そんな時にこのアルバムがかかっていたら完璧。アコースティック・ギターではなく、エレキ・ギターの尖った音の感触を、ローズの柔らかい声がすべすべとしたオーガンジーのように包み込む。些細なことで傷付いてしまうセンシティブさは、けっしてネガティブなことではないと勇気を与えてくれる作品。

LUDUS
"THE DAMAGE" (2002/LTM)

当時カセットでリリースされた『Pickpoket』やEPとしてリリースされた『The Visit』や『The Seduction』、代表曲「My Cherry Is In Sherry」など、今までのアーカイブをまとめたベスト盤。前衛的で鋭利なナイフのように危険な香りを漂わせながら、女性ならではのしなやかさもまったく失われていない。モリッシーによる愛溢れるライナー・ノーツも必読。

TALULAH GOSH
"WAS IT JUST A DREAM?" (2013/DAMAGED GOODS)

インディー・ポップ界の才女であるアメリアの荒削りなアイデアが詰め込まれた曲達は、ダイヤの原石のような魅力を持ち、聴けば聴くほどに磨かれて魅力を増していく。HeavenlyやTender Trap、Marine Reserchなど、どの時期も違った魅力があるが、初期衝動の中で生まれたTalulah Goshのメロディーは格別に美しく響き渡る。

CRISTINA
"SLEEP IT OFF" (1984/ZE)

全曲クリスティーナ自身が作詞作曲を手掛け、ポップ・カルチャーとアンダーグラウンドなシーンの狭間で生み出された、とびきりキッチュでエレクトロ・ポップなサウンドは、一度聴いたら虜になってしまう。予測不可能で大胆な音楽性を支えてくれたのはWas(Not Was)のドン。バック・バンドもMarianne Faithfulを手掛けるメンバーを揃えることでアルバムとしての完成度も高い。

DOLLY MIXTURE
"EVERYTHING AND MORE 3CD BOX SET" (2010/EXCELLENT)

手に入れることが困難な『Demonstration Tapes』を全曲聴けるだけでなく、シングルや今まで未発表だったライブ、デモ音源を取り揃えたボックス・セット。これを聴けば、なぜ彼女達が特別な存在なのか合点が行くはず。Saint Etienneのボブ・スタンリーが綴るDolly Mixture史も溢れんばかりの愛がこもっていて、彼女達のラブリーな作品に華を添えている。

あとがき

「将来は何になりたい?」小さな頃に何度も問いかけられた。漠然としたその質問が、ひどく不躾に感じられて苦手だった。無知だった幼少期の自分がどんな風に答えていたか、記憶がぼんやりとして思い出すことはできない。お花屋さんやお嫁さんという女の子のステレオタイプな答えでなかったことは確かだ。それでもある時期から「音楽ライター」になりたいという夢を抱くようになる。

音楽好きは母親譲りで、外で友達と遊ぶよりも家で一人で音楽を聴くほうがずっと楽しかった。集団行動が苦手な自分にとって、音楽は気の置けない親友のような存在になる。音楽雑誌を片っ端から読み漁り、宮子和眞さんや坂本麻里子さんの文章に出会い、憧れのライターの真似事をしながら、気づけばそれが仕事になっていた。

「女性ミュージシャン達のライフ・ストーリーを一つの本にまとめてみたい。」

以前から胸にしまってきた漠然としたアイデアを少しずつ形にしていく。その作業はミュージシャンへの思い入れの強さなどが邪魔をして、けっして簡単なものではなかった。

そんな私の背中を後押ししてくれたのは、川本三郎さんの『忘れられた女神たち』、そして山崎まどかさんの『イノセント・ガールズ 二〇人の最低で最高の人生』だっ

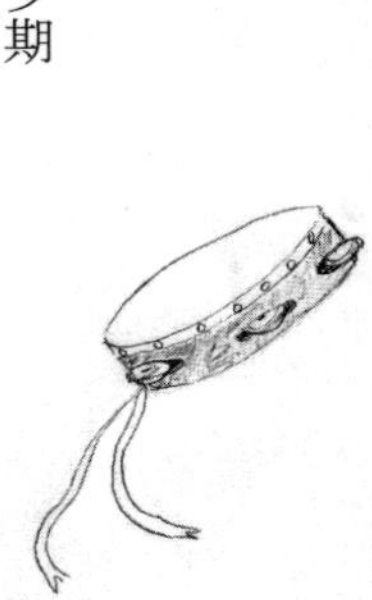

た。女性が自立して生きるのが困難な時代に、自由に生きた輝かしくもスキャンダラスな女性達の人生が紹介されているその二つの作品と出会ったことが、自分にとって大きな転機となった。

実際、それらの本で語られている女性達と比較すると、私がこの本の中で選んだ女性ミュージシャン達の人生は、それほど波瀾万丈なものではない。それでも実直で、時に向こう見ずで傷つきやすい彼女達の生み出す音楽やその背景にある物語を、より多くの人に知ってもらいたい。そう強く思い続けながら、長い時間をかけて向き合ってきた。ここに書かれている女性の八割は八〇年代に活躍し、音楽に青春を捧げた女性である。レコード会社や彼女達を取り巻くバンドなど男性が権力を握る業界の中で、彼女達は希望と失望を抱きながらも自分を貫いていく。その真実を知ることで彼女達の音楽はより輝き、私達にもっと多くのことを語りかけてくれる。

音楽に人生を捧げる女性、音楽に寄り添いながら生活する女性、音楽に挫折をした女性。どの女性も私の好奇心を刺激してくれる。今まで胸の内にしまっていた彼女達に対する愛情をこういった形で伝えることができたこと、それに関わっていただいた方々に感謝の意を込めて、この本を締めくくりたい。

Female Complex

フィメール・コンプレックス

――彼女が音楽を選んだ理由

二〇一五年三月三日　初版発行

著者　多屋澄礼

デザイン　藤田康平 (Barber)
　　　　　多屋澄礼

カバー装画　前田ひさえ

イラスト　moko.〔p115-p124〕
　　　　　多屋澄礼

編集　大藤　桂 (disk union)

制作　稲葉将樹 (DU BOOKS)

発行者　広畑雅彦

発行元　DU BOOKS

発売元　株式会社ディスクユニオン
東京都千代田区九段南三-九-一四
編集　電話 〇三-三五一一-九九七〇
　　ファクス 〇三-三五一一-九九三八
営業　電話 〇三-三五一一-二七二二
　　ファクス 〇三-三五一一-九九四一

http://diskunion.net/dubooks/

印刷・製本　大日本印刷

ISBN 978-4-907583-36-1